人人都能玩赚

数字人

AIGC创业第一站——数字人直播

丰年　七七　黄小刀　著

電子工業出版社
Publishing House of Electronics Industry
北京·BEIJING

图书在版编目（CIP）数据

人人都能玩赚数字人：AIGC创业第一站：数字人直播 / 丰年，七七，黄小刀著. —北京：电子工业出版社，2023.10

ISBN 978-7-121-46318-1

Ⅰ.①人… Ⅱ.①丰… ②七… ③黄… Ⅲ.①人工智能－应用－网络营销 Ⅳ.①F713.365.2

中国国家版本馆CIP数据核字（2023）第172118号

责任编辑：张　毅
印　　刷：天津善印科技有限公司
装　　订：天津善印科技有限公司
出版发行：电子工业出版社
　　　　　北京市海淀区万寿路173信箱　　邮编：100036
开　　本：720×1000　1/16　印张：16　　字数：268 千字
版　　次：2023 年 10 月第 1 版
印　　次：2023 年 10 月第 1 次印刷
定　　价：108.00元

凡所购买电子工业出版社图书有缺损问题，请向购买书店调换。若书店售缺，请与本社发行部联系，联系及邮购电话：（010）88254888，88258888。

质量投诉请发邮件至zlts@phei.com.cn，盗版侵权举报请发邮件至dbqq@phei.com.cn。

本书咨询联系方式：（010）57565890，meidipub@phei.com.cn。

前　言

开启一场数字人的虚拟人生

“这是最好的时代，这是最坏的时代；这是智慧的时代，这是愚蠢的时代；这是信仰的时期，这是怀疑的时期；这是光明的季节，这是黑暗的季节；这是希望之春，这是失望之冬……”

——查尔斯·狄更斯《双城记》

谁也没想到进入 2023 年后，以 GPT 为代表的 AIGC 技术会发展得如此之快。在 1999 年出版的对人工智能领域产生深远影响的《机器之心》一书中，奇点大学校长、谷歌工程总监，同时也是《人工智能的未来》的作者雷·库兹韦尔预测：“到 2029 年，我们将在机器中实现人类级别的人工智能，这些人工智能将能通过图灵测试。”他的这个预测一经提出，引起了人工智能学术界的大讨论，其中一个很有代表性的观点是“硬件可能将实现指数级的增长，但是软件将陷入泥潭”。截至本书完稿（2023 年 7 月），距离 2029 年还有不到 6 年时间。在过去 10 个月的时间里，ChatGPT、大模型等概念席卷全球，GPT 创造了一个又一个技术奇迹。不过，国内外很多专家呼吁停止投入巨量资源进行下一步的 GPT 大模型研发，因为这将导致“不可知的潜在的毁灭性风险”。

狄更斯的《双城记》在文学史上的地位毋庸置疑，关于这本书人们也有很多种解读。关于人工智能的预测，我认为这一轮的人工智能浪潮和以往若干次历史性事件相比，最大的不同在于，这终于是我们普通人能触碰到的未来了，所谓“双

AIGC 生成的展示一个人即将进入虚拟世界，并在虚拟世界中开启另一种生活的画面

城记”更像是人工智能给每一个普通人打造的另一场人生，所以叫作“双生记”也未尝不可。

不管是 20 多年前的超级计算机深蓝，还是阿尔法狗和人类顶尖棋手的巅峰对决，这些人工智能发展史上的里程碑事件往往和普通人无缘，我们普通人顶多就是看个热闹，然后议论一下某些专家的“人类灭亡论”，或者为技术进步鼓鼓掌，所有这些并没有把人工智能技术近距离地带到我们的身边。但这一次人工智能技术的进步，让我们拥有了和机器对话的能力，通过网络或者 App 就可以使用可能是人类有史以来训练出来的最聪明的机器人，仿佛每个人都拥有了一个漫威宇宙中钢铁侠的贾维斯，这也让 GPT 成了史上最快突破 1 亿个用户的产品，这一纪录还在不断被刷新。

本书的重点是想跟大家探讨一下人工智能民用化和普及化的一个重要应用方向：数字人。

这个停留在科幻电影中的概念，在 2023 年居然能像我们购买一部智能手机一样，只需花费几千元，就可以定制一个和自己长得一模一样或者我们心中所想的私有数字人。我们可以让我们的数字人，替我们完成一些能够带来特定生产力的工作，创造出高于人类本体的价值。

为了探讨数字人技术发展的前沿方向，也为了给广大创业者和亟待转型的传统企业主一本极有价值的操作手册，在本书中，我们给数字人做了定义，并对其发展现状进行了描述，分析了数字人在主流行业中可能的应用场景和变现方式。在绝大多数章节中，我们围绕一个核心应用场景——数字人直播带货来展开，从数字人直播的平台管理规则到数字人形象采集细节，从数字人直播话术到数字人直播间的搭建设计，从数字人直播带货到使用数字人直播潜在的法律隐患预判，完整地覆盖了数字人在商业化直播领域里的应用和实操，希望能够给读者带来认知和实操两个层面的收获。

我们所说的“虚拟人生”，是从生产力实践的角度出发的，并非像某知名游戏公司开发的游戏《模拟人生》那样在一个虚拟的世界里纵情享乐，这不是人工智能生产力的表现。我们要做的，就是尽可能地多去接触和了解人工智能的前沿技术动态，掌握一两种驾驭人工智能工具的能力。在我能够预测的短暂未来（2023—

2025 年），大多数的初、中级脑力劳动者，必须学会和 GPT 对话，必须能驾驭驱动自己的或者某款特定行业的数字人，以此来提高自己的职业竞争力。

我特别希望每一个读者都是既能抬头看天又能低头走路的有眼光的实干家。我们并不需要做人工智能发展道路上的排头兵或者传统卫道士，我们要做的是理解、接纳、使用、创造。不要沉迷于追捧最新的技术，因为完全有独立思考能力的智慧型数字人还未诞生。换句话说，这类技术并不具备大规模民用化的可能。即便如此，一个可以被我们驱动、具备一定的肢体语言和情绪表达能力的数字人已经能够在直播间里每天销售几十万元的产品。（注：该数据来自作者操盘的数字人直播间 2023 年“618 活动”期间的日均销售额。）

实践是检验真理的唯一标准。不要天天看，立马下手干！

本书主笔、点金手创始人　丰年

2023 年 7 月于石家庄

作者简介

丰年，本名杨在坡

- 点金手创始人、播媒集团董事长
- AI 及直播电商领域跨界知识博主
- 抖音、快手、微信公众号、微博等平台粉丝数超过 200 万个
- 2020 年被评为第三届中国匠人大会“荣耀匠人”
- 2021 年荣获“巨量学 & 巨量引擎突出贡献奖”
- 自动化专业人工智能方向科班出身，在大学时率队获得“全国机器人足球锦标赛三等奖”，尤其擅长算法程序设计及智能策略优化
- 毕业后从 IT 行业转行到电商行业，服务对象覆盖淘宝电商、社交电商、直播电商全领域
- 2017 年创立点金手，6 年来点金手成长为国内直播电商领域知名的全领域服务商，是首批抖音认证的 MCN 机构和品牌服务商，巨量学认证的培训服务商
- 培养超过 5000 名直播操盘手，覆盖直播商家超百万个，打造了包括浴缸模型、F1 赛车模型、传单投放模型在内的多个直播电商运营模型
- 2023 年以来，点金手全面转型为 AI 驱动的内容及数字人直播服务商，在跨界 AI 电商行业应用领域拔得头筹，打造了包括单日营收 30 万元的数字人直播间及 AI 图文电商带货矩阵在内的多个行业标杆

目 录

第 1 章 当 AI 拥有生产力：漫谈 AIGC

随着技术的发展，内容生产方式也在经历明显的演变。

在互联网早期，专业生产内容（Professionally Generated Content，PGC）是主流，因为那时的技术设施主要支持由专业人士或媒体公司生成的内容。虽然 PGC 为我们带来了高质量、标准化的内容，但这种内容生产方式无法满足人们日益增长的个性化需求。

随着 Web 2.0 时代的到来以及社交媒体平台的兴起，技术设施开始更多地支持用户参与和互动，使用户生产内容（User Generated Content，UGC）成为可能，UGC 的兴起让每一个人都能成为内容的创造者，这极大地丰富了网络的内容多样性。用户现在可以轻松地上传、分享和评论他们自己的内容，大大增强了用户的参与度和互动性。

进入 AI 时代后，AI 已经可以自己创作内容如文章、音乐、艺术品等，用户不仅可以创建和分享内容，还可以通过训练 AI 来生成特定的内容，这进一步增强了用户的参与度和个性化体验。在 PGC 模式下，内容的质量和专业性通常可以得到保证，但内容的多样性受到了限制。而在 UGC 模式下，内容的多样性大大增加，但内容的质量可能会有所下降。所以在新的 AIGC 模式下，通过使用人工智能，我们可以同时实现对内容质量的控制以及内容的多样性，这就是 AIGC 的起源。

在商业环境中，AI 也在带动着革新。无论是自动化的生产线，还是用于数据分析的复杂算法，AI 都在帮助企业提高效率，降低成本，甚至创造出全新的商业模式。许多行业如金融、医疗、零售、制造等，都已经深受 AI 的影响。

1.1 AIGC 进化论

AIGC（AI Generated Content）是指由 AI 自动创作生成的内容，即 AI 接

AIGC 生成的数字人

收到人下达的任务指令，通过处理人的自然语言，自动生成图片、视频、音频等。

打个通俗点的比方，AIGC 就像马良的一支神笔，拥有无尽的创造力。这支笔的特别之处在于，它是由 AI 打造的。在 AI 的理解力、想象力和创作力的加持下，它可以根据指定的需求和样式，创作出各种内容如文章、音乐、图片，甚至是视频。AIGC 的出现，就像是打开了一个全新的创作世界，为人们提供了无尽的可能性。

自从 ChatGPT 出现后，短短几个月，AIGC 技术就像拥有魔法一般席卷了全球。更多的应用案例证明，人工智能已经不再仅仅被动地执行简单机械的任务，

AIGC 生成的数字人在画画的场景

它正在逐步转变为一个富有无限想象力的创造者。AIGC 的出现，标志着人工智能开始从对人类创造结果的模仿转向自主创造，这是人工智能领域探索创造力的重要进展。

回顾 AIGC 的发展历程，我们可以看到它从最初对人类创作的机械模仿，到后来逐步实现主动创造内容。这一能力提升过程，揭示了人工智能在支持和拓展人类创造力方面所蕴含的巨大可能性。在本章中，我们将梳理一下 AIGC 的发展轨迹，了解人工智能是如何逐步实现从被动模仿向主动创新转变的，以及这种转变所展现的人工智能技术在支撑人类创造力中所起的革新作用。

AIGC 生成的数字人工作的场景

1.1.1 诞生

20 世纪 90 年代，随着人工智能技术的发展，人们开始尝试使用 AI 来自动生成各类内容，这标志着 AIGC 技术的诞生。在这一时期，AIGC 主要依靠手动编码的规则和模板来生成文字、图像等内容。例如，使用自然语言生成系统根据新闻事件模板来自动生成新闻稿，或者使用基于约束的图像合成算法根据规则生成图片。但是，这种依赖预设规则的方法生成的内容比较单一、缺乏创造性。可以说，这一阶段的 AIGC 仍被视为一种概念。

在这一阶段，一些科研人员开始尝试使用规则系统自动生成简单的新闻稿。斯坦福大学的一些学者也尝试用程序生成音乐。但是，这些早期的系统所产生的内容非常简单和单一，远远没有达到实用化的程度。总体来说，这个时期 AIGC 刚刚诞生，技术水平还比较低，主要是一些科研人员进行的概念验证和小范围的技术探索。虽然这个时期的 AIGC 有着明显的局限性，但是它为后续 AIGC 技术的发展打下了基础。

1.1.2 发展

进入 21 世纪 10 年代，依靠机器学习和神经网络的深度学习技术逐渐成熟，AIGC 进入了发展阶段。在这个时期，各类强大的神经网络模型被应用到内容生成任务中，大大提升了 AIGC 的质量和多样性。例如，自然语言生成领域中 Seq2Seq、Transformer 等模型的使用，使得 AIGC 生成的文本更加逼真。图像生成方面，GAN 等模型的应用使得 AIGC 生成的图像高保真。从新闻写作到音乐创作，从对话系统到数据可视化，AIGC 在许多领域得到了广泛的应用。

到了 10 年代中期，一些公司开始应用深度学习技术来开发 AIGC 系统。例如，2013 年，DeepMind 公司发布股票报道自动生成系统，它可以根据输入的数据生成简单的股票报道。这些都是早期的商业化尝试。到了 10 年代末期，Transformer 等模型的使用使 AIGC 的质量达到了新的高度。一些内容生成初创公司也纷纷成立。可以说，在这 10 年时间里，AIGC 技术得到了飞速发展。

1.1.3　涌现

涌现能力，是指大型语言模型如 GPT-4 在经过大量训练之后，自然形成的处理复杂任务和解决问题的能力。这种能力并非通过特定的编程或规则输入，而是通过机器学习模型自我训练和调整权重的结果。

具体来说，涌现是指从简单的规则和互动中产生的复杂行为。在神经网络中，每个神经元的行为相对简单，但是当我们将大量神经元连接在一起，并让它们一起处理大量的数据时，网络就可能会发展出解决复杂问题的能力。例如，在大规模自

AIGC 生成的数字人工作的场景

然语言处理模型中，我们并没有明确地输入指令让模型去学习如何理解语言，如何回答问题，或者如何写作文，而是通过大量的训练，使模型自然学习到了这些能力。这就是涌现的一种表现。

对大模型来说，由于其规模较大，可以学习和处理更复杂的内容，因此其涌现性可能会更加明显。这种涌现性使得大模型能够处理一系列复杂的任务，包括但不限于写作、翻译、问答、对话等。进入 21 世纪 20 年代，依靠大规模神经网络模型的 AIGC 技术有了重大突破，使得生成内容的质量和多样性达到了新的高度。代表性的成果有 OpenAI 开发的 GPT-3 语言模型和 DALL-E 图像生成模型等。它们可以生成逼真的文本、代码、图像乃至视频。

AIGC 生成的内容已经非常接近人类专业工作者的水平。可以说，经过前两个阶段的积累，AIGC 技术已经初步成熟，并开始被广泛地应用到实际生活中，我们将这一时期视为 AIGC 的涌现阶段。2020 年，OpenAI 发布的 GPT-3 文字生成模型因其强大的生成能力而轰动整个技术界。同年，DeepMind 也开源了 AlphaFold，它可以高效预测蛋白质的结构。随后的两年时间里，具有强大生成能力的图像、音频、视频生成模型层出不穷。2023 年，ChatGPT 的出现更是震惊全球。可以说，AIGC 技术在这个时期已经成熟，并在许多领域广泛应用，它正在重塑人类的工作和生活。同时，越来越多的公司也纷纷进入这一技术领域，预示着产业化的加速。

总体来看，AIGC 技术从最初萌芽至今，经历了从探索、发展再到涌现的过程。它依托人工智能技术的进步，正在快速地渗透到文化、经济、产业的各个角落，对社会产生了深远的影响。可以预见，AIGC 技术将继续快速发展，其应用场景和影响力还会不断扩大。

1.2 AIGC 相关应用持续爆发

微软的创始人比尔 · 盖茨曾在其博客文章中提到，人类历史上经历过三次科技颠覆时刻。

第一次科技颠覆时刻发生在 20 世纪 90 年代，当时 PC 互联网的兴起使全世

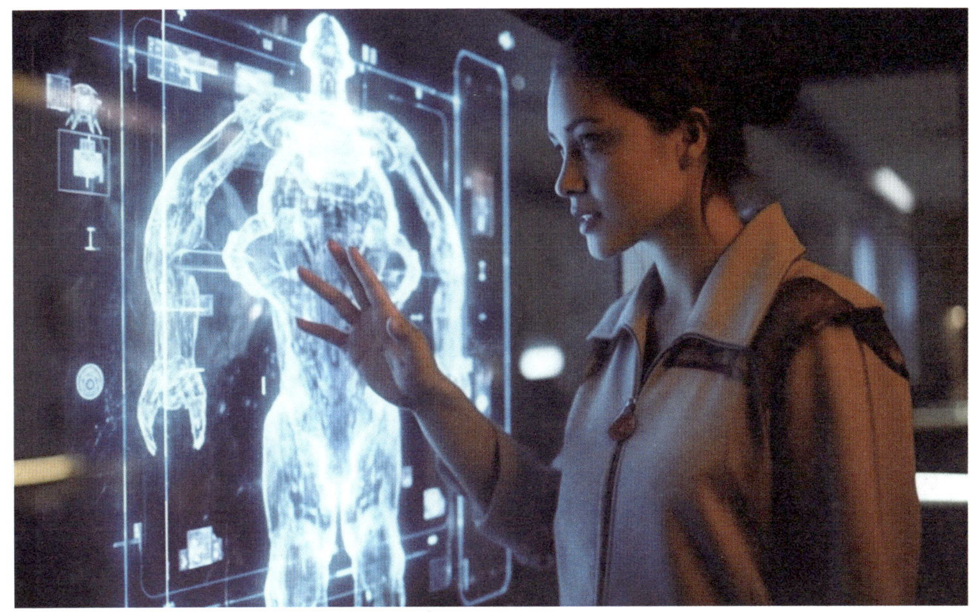

AIGC 生成的数字人模拟 AI 创造的场景

界开始互相连接。1995 年，雅虎开创了免费门户网站的商业模式，引领人类进入了信息爆炸时代。

第二次科技颠覆时刻发生在 2000 年以后，其标志是智能手机的诞生和移动互联网的到来。2007 年，苹果公司发布的第一代 iPhone 手机标志着新时代的开始，其以触屏和应用为特点重新定义了智能手机，将手机从硬件时代带到了软件时代。

我们现在正在经历第三次科技颠覆，即人工智能的全球席卷引发了一场技术革命。2023 年，Open AI 推出的 ChatGPT 引起了广泛关注，其背后的 AIGC 技术利用人工智能来自动生产和处理内容，被视为突破互联网行业发展瓶颈的革命性技术进步。

AIGC 带来了全新的内容创作模式，继 PGC 和 UGC 之后，这一技术将大幅提升创作者的内容生产效率，从而使内容生产规模呈指数级增长。可以说，AIGC 所带来的颠覆性改变不亚于前两次科技颠覆的影响。

关于 AIGC 爆发的原因，我们也从用户应用、行业内容需求、技术供给三个层面来谈一谈。

1.2.1 用户应用

（1）低门槛。像 ChatGPT 一样，AIGC 也提供了与朋友微信聊天一样的体验。

（2）高效率。在许多专业领域，AI 的工作效率远超人类。

（3）费用相对低廉。相比之下，雇用一个具备相同水平、能完成相同工作的人类助理需要支付更多的费用。

（4）无穷的创造力。AI 的创造力相当于成千上亿个“臭皮匠”，并且它还会不断学习和优化自身。

它的低门槛、高效率、费用相对低廉以及无穷的创造力，为人们提供了全新的体验和机会。无论是与 ChatGPT 聊天、获取专业领域的知识，还是通过 AI 生成内容来提升工作效率和创造力，AIGC 都在普通人中获得了大量的被使用的机会。

1.2.2 行业内容需求

近两年，随着 Web3.0 和元宇宙的兴起，数字内容供给需求大幅增长。在 Web1.0 时代，人们只能以“只读”的方式与内容交互，这导致了 PGC 平台对内容生产的需求，然而这种模式主要面向单人体验，产能不足。进入 Web2.0 时代，随着社交媒体的兴起，人们通过网络进行人与人的交互，从而催生了以用户生成和分享内容为核心的 UGC 或者 AIUGC 模式，虽然可以面向多人交互，但内容质量参差不齐。然而，进入 Web3.0 时代，随着内容消费需求进一步增加，用户的个性化需求日益凸显。在这样的背景下，AIGC 将成为一种重要的新的内容生产方式，它可以完全依靠 AI 来完成内容生产，不再依赖用户参与。

Web3.0 和元宇宙的崛起催生了人们对数字内容的巨大需求，同时也加速了内容生产模式的演变。从“只读”的 PGC 模式到用户生成和分享的 UGC 模式，再到如今的 AIGC 模式，内容交互方式不断更新，以满足不断增长的个性化需求和提高内容质量的要求。随着 AIGC 的兴起，AI 将成为主要的内容生产者，为 Web3.0 时代的用户提供高质量、个性化的内容。这一转变将为数字内容的创造和消费带来全新的可能性，并为未来的内容交互方式开辟更广阔的前景。

1.2.3　技术供给

技术供给层面主要是基于两个方面的进展：算力提升和算法突破。

算力的提升直接决定了模型参数的规模，进而影响人工智能的性能表现。我们可以看到，从最早的 GPT-1 只支持 1.5 亿个参数，到 GPT-3 已支持 2000 亿个参数，再到像“悟道 3.0”这样的大模型已经达到超过万亿个参数，对算力需求的增长速度已远超摩尔定律提出的增长率。

在算法方面，有几个关键模型对 AIGC 的发展产生了巨大的推动作用。首

AIGC 生成的模拟数字城市的场景

先是 Transformer 模型，它引入了自注意力机制，利用并行训练的优势为大模型训练奠定了基础。其次是 CLIP 模型，它推动了跨模态生成技术的发展，以及 Diffusion 模型取代 GAN 成为图像生成领域的主流模型。此外，ChatGPT 的成功也离不开人类反馈的强化学习训练方法。

通过不断提升算力和突破算法，AIGC 领域的发展取得了显著的进步。大规模参数的支持和新的算法技术的引入，为人工智能的性能表现提供了更强的基础，推动了 AIGC 在各领域的广泛应用和发展。这一发展趋势将继续推动 AIGC 领域的创新和进步，为未来带来更多令人期待的应用场景。

而这一轮 AIGC 技术带来的 AI 应用的火爆，主要体现在 C 端的 AI 应用上。与以往 AI 技术主要改进和优化企业端不同，大语言模型（LLM）所带来的应用，如 ChatGPT 和 Midjourney，不仅改变了企业端的业务模式，也让亿万用户对 AI 技术有了直观而震撼的体验。ChatGPT 和 Midjourney 等应用正在快速发展，并在文本生成、代码本生成、图片等领域取得了巨大成功，而更多类似应用也在迅速涌现，包括 AI 生成音乐、AI 生成视频、AI 生成游戏等应用。现在，基于 GPT-3、GPT-4、DALL-E 等模型的 AI 应用越来越多。单单从 GPT 模型来看，GPT-3 DEMO 网站上统计的 GPT-3 应用程序已超过 800 个，但这些应用并不包括企业推出的 GPT 应用。

LLM 技术的突破使得 AI 应用对 B 端和 C 端都产生了深远的影响。企业借助 ChatGPT 和 Midjourney 等应用进行创新，不仅更新业务模式，也改善了用户体验。同时，对普通用户来说，这些应用也给他们带来了深刻的 AI 体验，加强了其对 AI 技术的认知。AI 技术在文本生成、代码、图片生成等领域的快速发展，展示出了其在不同领域具备的巨大潜力。

随着 LLM 技术的不断进步和应用的广泛拓展，AI 技术正在逐渐改变人们的生活和工作方式。AI 应用的发展为用户提供了更多的便利和创新机会，同时也为企业带来了更多的商业机会。我们有理由相信，随着 AI 技术的不断升级和应用场景的扩展，它将继续为人类社会带来更多惊喜和改变。

AIGC 生成的数字人工作的场景

1.3　AIGC 正在重塑生产力

生产力是具有劳动能力的人和生产资料相结合而形成的改造自然的能力。生产力是人实际进行生产活动的能力，也是劳动产出的能力。它是衡量资源的有效利用程度和生产过程效率的重要指标。

生产力通常与以下因素相关：

（1）劳动力。劳动力的数量和素质对生产力有重要影响，更多的熟练劳动力和高素质的劳动者能够更有效地执行任务，提高生产效率。

（2）技术和工具。先进的技术和高效的工具能够提高生产的效率。例如，先进的技术、自动化设备可以减少人工操作、加快生产速度和提高产品质量。

（3）资源利用。有效地管理和利用生产要素如原材料、能源和资本，是提高生产力的关键。有效的供应链管理、优化的生产流程和资源分配策略，能够减少浪费，降低成本，提高生产效率。

（4）创新和知识。创新是推动生产力增长的重要驱动力。新技术、新工艺和新产品的开发能够带来生产效率的提升和市场竞争力的增强。知识经济时代，知识和技能的积累与应用也会对生产力产生重要影响。

AIGC 生成的数字人工作的场景

通过提高生产力，企业能够在同样资源的基础上生产更多的产品或提供更多的服务，实现经济增长和提高生活水平的目标。因此，生产力被视为一个重要的经济指标和关键的竞争优势。

在当下，AI 被视为生产力的原因主要有以下几点：

（1）自动化程度和工作效率的提升。AI 能够自动执行复杂的任务和流程，取代许多繁重的人工劳动，从而提高工作效率和生产力。例如，在生产线上，机器人可以完成重复的、高风险的工作，而人类可以专注于更具创造性和战略性的工作。

（2）数据分析和决策支持。AI 具有强大的数据分析能力，可以快速处理和分析大量的数据，从中提取有价值的信息。这使得企业能够做出更加准确、基于数据的决策，从而提高决策效率和商业竞争力。

（3）提供智能化的产品和服务。AI 技术的应用使得许多产品和服务变得更加智能化和个性化。例如，智能助手和虚拟机器人能够为用户提供定制化的服务，无人驾驶技术使得交通运输更加安全高效。这些智能化的产品和服务能够满足用户需求，提升用户体验，促进经济增长。

（4）新兴产业和创新应用。AI 作为一项前沿技术，催生了许多新兴产业和创新应用。例如，机器学习、深度学习和自然语言处理等技术的发展，推动了人脸识别、语音识别、智能推荐等应用的兴起。这些新兴产业和创新应用带来了新的经济增长点和就业机会。

AI 作为一种技术，能够提高工作效率、支持决策、提供智能化的产品和服务，并催生新兴产业和创新应用，从而被认为是一种生产力的推动者。

以下是 AI 作为生产力时的应用：

（1）文本。AI 可以与人类进行实时对话，生成不同风格的文本，如诗歌、故事，甚至是计算机代码等。

（2）图像。AI 不仅可以直接生成各种类型的图片，还可以辅助人类进行绘画和设计。

（3）视频。AI 不仅可以通过文字描述生成一段情节连贯的视频，如广告片、电影预告片、教学视频、音乐视频等，还可以成为视频剪辑工具。

（4）音频。AI 可以生成逼真的音效，如语音克隆、语音合成等。

AIGC 生成的数字人

（5）游戏。AI 可以辅助人类完成游戏的剧情设计、角色设计、配音和音乐、美术原画设计、游戏动画、3D 模型、地图编辑器等。

（6）虚拟人。AI 可以生成虚拟明星、虚拟恋人、虚拟助手、虚拟朋友等。这里 的“虚拟人”是指存在于非物理世界(如图片、视频、直播、一体服务机、VR)中，并具有多重人类特征的综合产物。

除此之外，AI 技术的不断发展，也将使 AIGC 模态不再仅仅局限于文本、音频、视频这三种基本形态。嗅觉、触觉、味觉、情感等多重信息感知和认知能力也将以数字化的形式传输并指导 AI 进行内容创作。

1.4　AIGC 正在解放生产力

现代化的数字办公理念，强调并专注于灵活的办公环境、生活与工作的均衡、多元化与包容性、持续学习与发展，以及创新与敏捷的思维方式，这些都是为了适应持续改变的商业环境和员工需求。这些理念的提出都是为了让整个组织和每一个成员能从繁重的日常事务中解脱出来，将更多的“能量”用在重要的工作和任务上。

解放生产力的第一步：推动创新与深化自动化

强调灵活办公的理念是为了打破传统的办公模式，给予企业和员工更多的工作时间、地点和方式的选择；同时关注工作与生活的平衡，以提升员工的生活质量。AIGC 能在整个办公过程中更精确地了解员工的需求，并为其提供定制服务。

（1）自动化的流程管理。AIGC 可以帮助企业实现办公协同过程中的自动化管理。

（2）提升创新能力。AIGC 可以为企业提供了大量的创新工具和资源，通过提升创新能力，企业有机会提高竞争力，扩大业务范围。

（3）跨部门合作。AIGC 可以帮助企业实现不同部门之间的沟通和协作，这有助于更好地利用企业内部资源，优化业务流程，提高整体的办公效率。

（4）降低门槛。AIGC 可以使企业降低对专业知识和技能的需求门槛。

解放生产力的第二步：使 AIGC 成为员工持续学习和发展、创新能力的支撑

企业应当提供持续学习和发展的机会，帮助员工提升技能和知识，实现职业成长；同时，在快速变化的市场环境中，企业也需要保持创新和敏捷，以应对不断变化的客户需求和竞争环境。

根据企业过去的经验和数据积累，AIGC 可以提供更有效的工作帮助，实现更高层次的人机合作，完成流程管理、信息管理、团队协作与沟通、智能助手等任务。

1.5 数字人：多模态数字内容生成

AIGC 生成的数字人

元宇宙是一个融合了物理世界、增强现实（AR）和虚拟现实（VR）的数字空间，其中包括数字人、物理世界的数字重构以及软件智能体（Software Agent）。元宇宙具备成为未来数字社交互动平台的潜力。为了建立一个高效的元宇宙平台，我们需要混合现实技术（MR）来实现优秀的人机交互，同时也需要大量的数字内容来实现物理世界的数字体验。

AIGC 可以通过以下三种方式支持元宇宙的沉浸式和交互式体验：

（1）数字人。AIGC 能够为人类创建虚拟身份，这就是我们人类进入虚拟世界的通道。

（2）物理世界的数字重构。AIGC 可以利用 3D 重建技术来实现物理世界的数字重构，从而连接物理世界和数字世界。

（3）软件智能体。基于大型人工智能模型，AIGC 可以创造出高智能的软件智能体，让它们与元宇宙中的人类进行流畅的交流。

AIGC 能够释放数字内容创作的生产力，为元宇宙提供底层支持。元宇宙的数字内容创作与游戏创作有许多相似之处，都需要大量的专业技术人员进行大规模开发，包括文本、图像、3D 模型、音频、视频、代码等资源。然而，AIGC 大大降低了内容创作的难度，使得普通用户在 AI 的帮助下也能成为专业的创作者，这将极大地释放数字内容的生产力。

随着多模态 AI 大模型的快速发展，数字人的创作已经进入 AIGC 时代，数字人产业也开始蓬勃发展。AIGC 不仅高效地创造出了外表好看的数字人，还在推动数字人拥有“有趣”的灵魂。据预测，未来数字人将逐步过渡到纯 AI 驱动，2026 年中国数字人市场规模将达到 102.4 亿元，表现出巨大的发展潜力。

数字人产业中的部分应用场景

（1）娱乐。在许多电子游戏中，如《我的世界》《堡垒之夜》《动物之森》等，玩家可以创建和定制自己的数字人来扮演他们在游戏世界中的角色。此外，也有一些娱乐平台允许艺术家以数字人的形式进行表演，如 QQ 音乐中的数字人“小琴”。

（2）社交媒体和虚拟现实。在一些社交媒体平台和虚拟现实环境中，用户可以创建数字人来代表他们自己，与其他用户进行互动。例如，Facebook 的 Horizon Workrooms 就允许用户以数字人的形式在虚拟会议室中聚会和工作。

（3）教育培训。数字人可以被用于在模拟实际情况的虚拟环境中进行教育培训。例如，医学学生可以使用数字人进行虚拟手术训练，企业可以使用数字人进行员工培训。

（4）商业广告。企业可以创建数字人来代表它们的品牌进行产品推广和广告宣传。例如，一些时尚品牌已经开始使用数字人模特来展示它们的服装设计。

（5）客户服务。AI 驱动的数字人可以作为在线客服代表，回答消费者的问题，

AIGC 生成的游戏世界中的角色

提供产品信息，甚至处理交易。例如，一些银行和零售商已经开始使用这种技术来提高客户服务的效率。

（6）艺术创作。艺术家可以使用数字人来探索新的创作可能性，创作独特的艺术作品。例如，一些艺术家已经开始使用数字人进行虚拟表演和艺术展示。

除了以上应用场景，随着技术的进步，数字人在更多场景中的应用将会越来越广泛。比如，本书重点探索的场景——数字人在直播带货领域中的应用。

AIGC 生成的虚拟世界的数字人和场景

1.6 AIGC 带来的新挑战

在人类历史的长河中，技术的进步一直在推动社会的发展，而其中，最显著的无疑是信息技术的飞速发展。尤其是最近几年，AI 技术的出现和发展，为我们的生活带来了前所未有的便利。数字人作为内容生产领域的新趋势，正以一种令人瞩目的方式彻底改变了我们对传统内容创作的认知。这些数字人可以在很多场景中代替真人进行工作，如表演、主持等，极大地增加了内容创作的可能性。

数字人的出现，无疑给内容创作带来了新的机遇。在过去，内容创作往往需要依赖大量的人力、物力，而且制作周期长、成本高。而现在，借助 AI 技术，我们可以快速生成数字人，并让它们在虚拟世界中进行各种工作，大大降低了内容创作的难度和成本。这不仅让更多的创作者有机会参与到内容创作中来，也让观众有了更多的选择。我们可以在家里观看数字人音乐会，也可以在虚拟世界中与数字人互动，这种全新的内容消费体验，无疑是十分吸引人的。

但是，数字人的出现也给内容创作带来了新的挑战。由于数字人的生成需要大量的真人数据，这就涉及数据隐私的问题。在收集和使用数据的过程中，我们需要尊重并保护用户的隐私，防止数据滥用。此外，虽然数字人可以模仿真人的动作，但是它们毕竟不是真人，无法完全复制人类的情感和创造力。这就需要我们在使用数字人的同时，也要保留人类的独特性，防止数字人取代人类。

> 假设你是一位获得星云奖的科幻作家，你准备写一个 50 年后的 AIGC 应用场景，可以让 ChatGPT 生成。

以下是 ChatGPT 生成的内容

我站在星海浮城的一座观景台上，望着这座悬浮在太空中的城市，一片宁静的景象。现在是 2073 年，AIGC 已经渗透到了我们生活的各个方面。它不再是一个单一的工具，而是一个庞大的、全方位的生态系统。

AIGC 生成的太空中的城市

在城市的中心，一座巨大的舞台正在举行一场虚拟音乐会。舞台上，一个由 AIGC 生成的数字人正在进行一场令人震撼的演出。她的声音宛如天籁，动作优雅自然，她的表演仿佛吸引了所有人的目光。她是一个虚拟的偶像，却拥有数以千万计的粉丝，甚至比真实的歌手更受欢迎。

在观景台的一角，一个小男孩正在用他的个人 AIGC 设备创作他的第一部小说。这个设备可以读取他的想法，通过 AI 技术生成他想象中的故事，并以他喜欢的形式呈现出来。他可以在故事中加入他喜欢的角色，甚至是他自己创造的角色。他的

AIGC 生成的虚拟音乐会

小说可以在一瞬间生成，也可以立即分享给他的朋友。

在一家虚拟的咖啡店里，一群 AIGC 生成的数字人正在进行一场辩论。他们的观点独特，言辞犀利，引发了许多真人观众的热烈讨论。这些数字人不仅可以提供高质量的娱乐内容，还可以提供深度的、有趣的思考。

可见，AIGC 已经不再是一个单一的工具，而是一种新的社会文化现象。它既是创作者的新工具，也是消费者的新享受。通过 AIGC，我们可以拥有超越现实的体验，让每个人都能成为内容的创作者。对我们来说，这是一个全新的世界，充满

AIGC 生成的小男孩在创作的场景

了无尽的可能性。

然而，这个新世界也带来了新的挑战。虚拟世界是否会疏远我们与真实的世界的关系？数字人是否会取代真人的地位？……这些问题值得我们深思。然而，无论结果如何，我们都无法否认，AIGC 已经成为我们生活中的一部分，并且正在改变着我们的未来。

AIGC 生成的咖啡厅里的辩论场景

第 2 章

进击的数字人：盘点数字人技术的前世今生

2.1 如何定义数字人

数字人是 AIGC 技术的重要应用方向之一，尤其是 2022 年以来，数字人在诸多领域已经发挥了明显的商业价值。数字人的领域各不相同，涵盖了语音识别、自然语言处理、情感交互、金融服务、心理健康、音乐创作等领域。

从概念上来讲，目前并没有任何一个权威机构对数字人有明确的定义，所以我们也仅从新闻媒体报道以及数字人带来的应用场景上来对其做一个简单的定义。

我们认为数字人是存在以下四个属性特征的人工智能产物，我们将其称为数字人的“四态”，这也是 AIGC 行业第一次系统地给数字人下一个完整的定义。

第一，数字人拥有拟人化的外观，这是它的“静态属性”。

数字人的核心是虚拟人类，即用 AIGC 技术对人类进行数字化表达，数字人具有特定的相貌、性格、性别等特征。需要特别说明的是，数字人可以基于真实存在的某个自然人打造，也可以基于某些面部特征凭空造出一个完全不存在的人类形象。

AIGC 生成的数字人

第二，数字人具备人类行为特征，这是它的“动态属性”。

数字人拥有拟人化的人类声线、面部表情、肢体动作，能够配合声音做出得体的符合声线和情绪的一体化表达。换句话说，数字人必须是可以动的，必须是能够主动表达或被动回应外部输入信息的。

AIGC 生成的数字人

第三，数字人具备一定的自我分析、思考及判断能力，这是它的“智态属性”。

AIGC 生成的数字人与人类交流的画面

数字人借助 GPT 等大模型赋予的能力，可以生成具备一定智慧属性、具备连贯逻辑属性的全新文本，并通过语音合成技术生成音频，再用智能响应技术让数字人用匹配音频的口型、动作以人的姿态输出该内容，呈现出智慧生物的综合表现状态。在提高数字人的智力水平上，自然语言生成（NLG）与自然语言理解（NLU）等算法功不可没，NLU 让 AI 能够理解人类的语言，NLG 则让 AI 能够思考、输出，并与人类交互。

第四，数字人具备一定的情感表达能力，这是它的“感态属性”。

数字人在 GPT 等大模型多模态技术的加持下，可以在与真实人类沟通的过程中，基于特定的沟通内容表达出一定程度上的情感，甚至主动要求或拒绝某些指令。这也是备受争议的 AI 技术带给人类的挑战，但这是不可逆的发展趋势。

AIGC 生成的人类女性与数字人约会的画面

数字人的概念往往和元宇宙的概念密不可分，数字人可以是元宇宙中某个真实人类的“投影”，也可以是一个全新的、被创造出来的虚拟形象。这个虚拟形象可以成为真实人类进入虚拟世界的载体和介质，所以在游戏直播和秀场直播的细分行业中，数字人率先得到了大规模的应用，在中国、日本、韩国、欧美等国家和地区都出现了数字人的 AI 偶像。

目前，国内和国际上知名的数字人主要有以下几种：

- Woebot —— 由 Woebot Labs Inc. 研发，主要领域为心理健康和治疗
- Kuki —— 由 Existor 研发，主要领域为聊天机器人和虚拟助手

- AIVA —— 由 Amper Music 研发，主要领域为音乐创作和合成
- Xiaoice（小冰）—— 由微软研发，主要领域为语音识别和自然语言处理
- Replika —— 由 Luka Inc. 研发，主要领域为情感交互和个人助理
- Mitsuku —— 由 Pandorabots 研发，主要领域为自语言处理和聊天机器人
- Erica —— 由日本三菱 UFJ 金融集团研发，主要领域为金融服务和客户服务

2.2 数字人到底是怎么做出来的

数字人作为现代 AI 技术的一种应用，已经在许多领域取得了显著的进展，特别是在互动娱乐、广告推销和社交媒体等领域。其核心技术是建立真实和详细的人脸模型，这需要通过一系列复杂的步骤来完成。

数字人的创建是一个涉及人脸采集、3D 建模、纹理贴图和动画技术的复杂过程。每一个步骤都需要专业的技术和工具。然而，随着 AI 技术的进步，创建数字人的过程正变得越来越普及和易于操作。虽然这个技术还会面临许多挑战，但随着人们对人脸和表情的理解不断深入，未来的数字人将变得更加真实，更加贴近真实人类的综合表现。

数字人的诞生从本质上来说，其实是硬件算力和软件算法的生产力的体现，严格来说是一家科技公司算力的体现。普通消费者想要打造并操控一个数十万或百万面建模的 3A 影视级的数字人，至少需要配备上万元的顶级显卡的个人电脑、数十万元的动作捕捉设备，同时还需要几日甚至几十日的建模时间才能完成。

数字人是基于人工智能、增强现实、虚拟现实等技术手段创建的具有人类外貌、行为和认知能力的虚拟形象。数字人的出现得益于多个技术领域的发展：

（1）计算机图形学。计算机图形学是数字人产生的基础，它涉及图像处理、渲染、建模等多方面的技术。由于数字人需要拥有逼真的外貌和动作，因此需要图形学的技术支持。

（2）机器学习和自然语言处理。由于数字人需要具备自然语言交互能力，因此需要机器学习和自然语言处理的技术支持。这些技术可以让数字人理解和产生自然语言，从而实现与人的交互。

（3）人工智能。由于数字人需要具备智能能力，根据环境和任务做出相应的反应，因此需要 AI 技术支持数字人的认知能力和智能行为。

（4）增强现实和虚拟现实。增强现实和虚拟现实技术可以为数字人提供更加逼真的交互体验。通过增强现实技术，数字人可以与现实环境进行交互；通过虚拟现实技术，数字人可以在虚拟场景中进行交互和表现。

数字人科技公司，正是基于上述的各种技术，利用自己拥有的强算力显卡及配套硬件设备，或者租用云服务器超强的显卡矩阵，再加上各家拥有壁垒的核心算法，帮助用户大幅降低了数字人的应用成本。未来能不能大规模应用，取决于以显卡为核心的硬件成本的降低和算法的突破，现在走在行业前列的企业都是拥有大量硬件显卡矩阵的。

2.2.1　视频数据采集扫描环节

数字人按照视觉呈现方式可分为 2D 和 3D 两类，按照风格又可分为动漫风格、拟人风格、超现实风格等，本书主要聚焦的是 3D 数字人。

2D 数字人需要原画等形象设计，3D 数字人需要额外使用 3D 建模技术生成数字形象。信息维度增加，所需的计算量也更大，无论是基于 IP 还是真人设计，都需要进行面部及身体的建模。

3D 建模技术主要包含静态扫描建模及动态建模两类：静态扫描建模仍是主流，其中相机阵列扫描重建技术快速发展，目前可实现毫秒级高速拍照扫描（高性能的相机阵列精度可达到亚毫米级），能够满足数字人扫描重建需求，替代结构光扫描重建技术成为当前人物建模的主流方式。

目前国内主流的数字人服务技术解决方案，大多采用高清数码单反相机进行人像采集扫描，基于视觉图像捕捉动作。随着扫描技术的进步，现在可以通过家用设备如智能手机和家用单反或者微单相机，进行高质量的人脸扫描，并不需要借助价格高昂的动作捕捉设备。

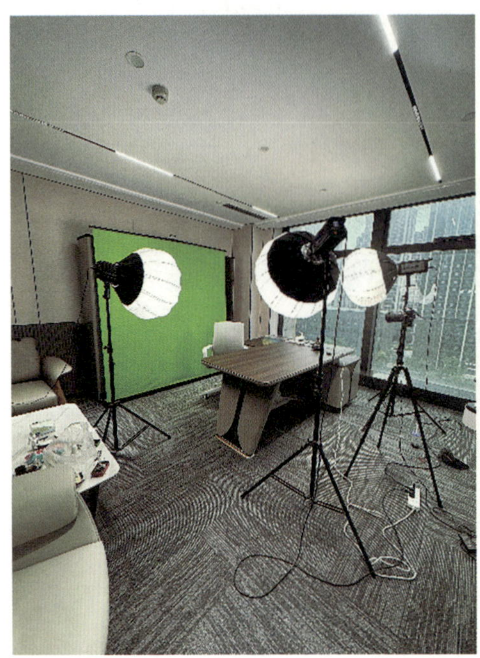

数字人信息采集实时画面

2.2.2　人物数据处理智能合成环节

被采集的数据将经过一种叫作网格化的过程，被转化为计算机可以处理的 3D 模型。这些 3D 模型由数以千计的顶点和多边形组成，可以捕捉和再现被扫描者的面部特征和表情。接下来，将使用纹理贴图的技术，在模型的表面添加色彩和细节。这些贴图技术包括颜色贴图、法线贴图、光照贴图等，用以复现人物真实肌肤的色彩、质感和反光效果。

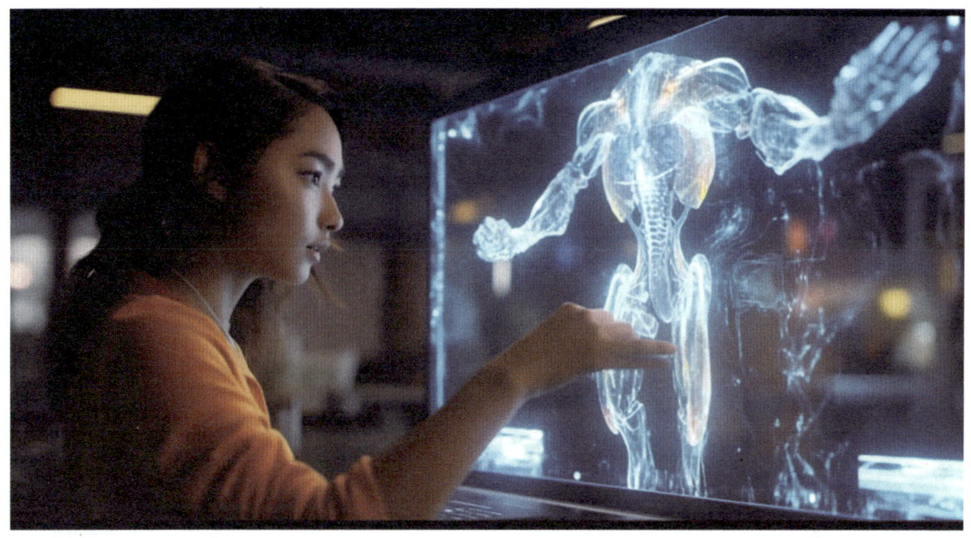

AIGC 生成的人类与数字人交流互动的画面

其中，2D、3D 数字人均已实现口型动作的智能合成，其他面部或身体部位的动作智能合成正在实现。一旦 3D 模型和纹理贴图创建完毕，我们就需要通过动画技术给模型注入生命。这通常会涉及人脸跟踪和表情捕捉等技术。这些技术可以实时地捕捉真人的面部表情和动作，并将这些数据映射到数字人的 3D 模型上，使模型能够展现出类似真人的面部表情和动作。

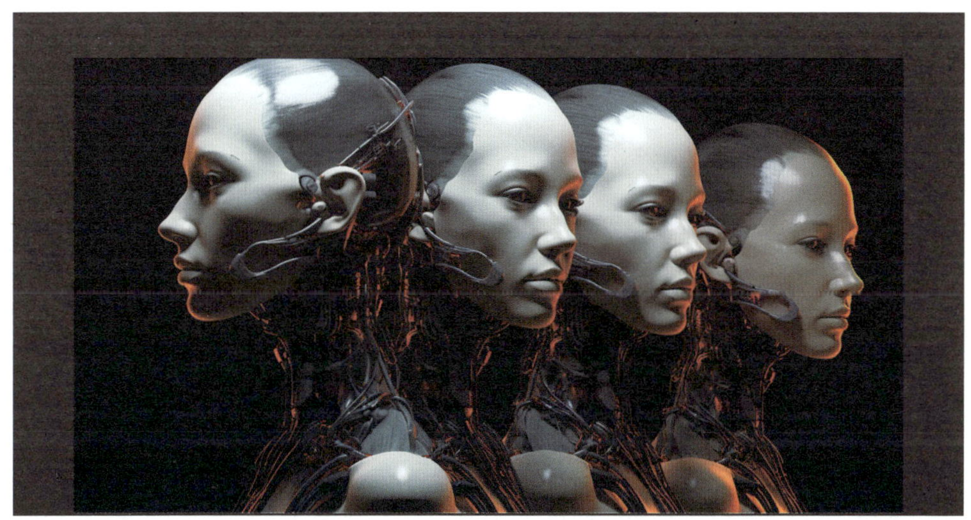

AIGC 生成的数字人

2.2.3 基于 AIGC 技术的模型驱动

AIGC 生成的数字人

AIGC 技术的原理是通过智能系统自动读取并解析识别外界输入的信息，根据解析结果决定数字人后续的输出信息，然后驱动人物模型生成相应的语音与动作来使数字人跟用户互动。目前应用最广泛的是基于文本或音频输入的数字人驱动方式，通过输入一段文字或者一段音频来控制数字人的口型闭合，这种驱动方式被广泛应用于数字人短视频拍摄及直播带货领域。

AIGC 生成的数字人驱动庞大的计算系统的画面

2.2.4　打造数字人的关键指标

AIGC 生成的数字人驱动庞大的计算系统的画面

数字人制作完成后，还要进行响应效果评估，评估标准是人与人的交互体验效果。

1. 口型运动

我们可以从同步性、准确性、自然性等方面来评估数字人口型运动的效果。

（1）同步性。数字人的口型运动与语音的同步性，如果同步性好，数字人的口型运动将与发音时间对齐，给用户带来更真实的体验。

（2）准确性。数字人的口型运动与实际发音的准确性，观察数字人的口型变化是否正确反映了所发出的音素。

（3）自然性。数字人的口型运动是否与现实生活中人类的相似。我们可以通过观察数字人口型的运动速度进行评估，过于生硬或不自然的口型运动会让观众感到不适。

2. 表情和肢体语言

除了口型运动，数字人的表情和肢体语言也会对整体效果产生影响。表情和肢体语言应与语音信号相协调，以增强沟通效果和真实感。

AIGC 生成的数字人

3. 移动平滑度

移动平滑度可以衡量数字人口型运动的平滑程度。通过计算口型运动速度或加速度的变化，我们可以得到数字人口型运动的平滑度。

4. 口型相似度

通过比较数字人口型与实际发音者口型之间的相似程度，我们可以得出一个数值，也可以通过计算嘴唇轮廓之间的距离或相关性来实现。

5. 一致协调性

让不同类型的用户观看并评价数字人的动作配合口型运动效果是否一致，比如在数字人表达亢奋情绪，说出某些词汇时，面部表情和手部动作是否做到了同步。如果声音亢奋，但肢体无动作，面部无表情，只是口型做出了配合，那么整体的呈现效果依旧是失败的。

2.3　数字人商业化应用现状

数字人不仅仅存在于元宇宙的概念中，还可以被应用到现实的多种行业中，去代替部分人类劳动力执行重复性、轻度智慧赋能性的工作。

2.3.1　数字人 + 法律咨询行业

数字人在法律咨询行业中的应用主要集中在两个方面：客户服务和法律教育。

1. 客户服务

数字人可以作为法律咨询机构的第一接触点，提供 7×24 小时的服务。它可以回答常见的法律问题，帮助用户理解基本的法律概念，甚至在某些情况下，可以为用户推荐合适的法律服务或法律专业人士。这样可以极大地提高法律咨询服务的效率和可达性。

AIGC 生成的数字人在查阅资料的画面

2. 法律教育

数字人可以在法律教育领域发挥作用，为公众、法学生或法律专业人士提供教育和培训资源。例如，数字人可以提供虚拟法庭经验，帮助法学生和初级律师进行模拟辩论和法庭陈述。

AIGC 生成的人类与数字人的画面

但需要注意的是，尽管数字人应用在法律咨询行业具有潜力，但由于法律问题的复杂性和敏感性，还需要专业的法律人员进行监督，以确保数字人提供的信息准确无误。此外，与用户进行敏感信息交互也需要注重数据和隐性保护，遵守法规，以确保用户信息的安全。

2.3.2 数字人 + 金融保险行业

数字人技术在金融保险行业中的应用正在崭露头角。作为一种结合了人工智能和计算机视觉技术的创新手段，数字人为这些行业带来了许多优势。

首先，数字人在客户服务中扮演了关键角色。在银行和保险公司中，数字人可以作为 7×24 小时的在线客服，处理大量的基础工作，比如账户余额查询、交易查询、保险索赔流程等。与传统的客户服务相比，数字人不仅可以提供全天候的服务，还可以在繁忙时段处理大量的基础工作，大大提高了效率。

AIGC 配合 ChatGPT 生成的数字人的画面

其次，数字人在客户教育和产品宣传中也发挥了重要作用。金融和保险产品常常含有复杂的条款和细则，而数字人可以通过易于理解的方式向客户解释这些内容。它可以通过可视化、模拟对话等方式，帮助客户理解产品特性，从而做出更好的决策。

最后，数字人在风险评估和欺诈检测中的应用也很有潜力。以保险行业为例，数字人可以通过学习大量的历史数据，预测某种情况下保险索赔的可能性，从而进行更准确的风险评估。同样，它也可以通过分析交易模式，检测到可能的欺诈行为，提高行业的安全性。需要注意的是，在应用数字人技术时，必须确保符合相关法规，保护用户的隐私和数据安全。

AIGC 生成的数字人

数字人技术在金融保险行业中的应用前景广阔，它不仅能提高服务效率，还能帮助消费者做出更好的决策。但是，应用这项技术时，也需要注意对数据隐私和安全性的挑战，确保合规运营。

2.3.3　数字人 + 教育行业

数字人技术已经在教育行业，尤其是在少儿教育领域展现出了巨大的应用前景，可以提供一种新颖的、互动的学习方式。传统的教育方式可能会让学生觉得无聊，难以集中注意力，而数字人则可以提供富有吸引力的、自定义的学习方式。例如，数字人可以化身为孩子们喜欢的故事角色，通过讲述故事解释复杂的概念；数字人还可以提供模拟的、互动的实验，使学习变得更生动有趣。

AIGC 生成的人类儿童与数字人互动的画面

数字人可以提供个性化的学习支持。每个孩子的学习能力和进度都是不同的，而数字人可以根据每个孩子的学习情况提供定制化的指导意见。通过机器学习和人工智能，数字人可以跟踪孩子的学习进度，识别他们的学习难点，然后提供有针对性的帮助和反馈。

数字人还可以作为家长和教师的辅助工具。在繁忙的家庭或者资源有限的学校中，数字人可以作为一个有效的工具，提供必要的教育支持。例如，它可以帮助老师监测学生的学习进度，生成学习报告，还可以在家长无法陪伴的时候，为孩子提供学习指导和陪伴。

AIGC 生成的人类儿童与数字人互动的画面

不过，数字人技术在少儿教育领域中的应用也需要谨慎对待。例如，保护孩子的数据隐私、防止过度依赖数字人、保证教育内容的准确性等问题都需要我们关注。在引入这项技术时，必须确保其在提升学习体验和效果的同时，也能保护孩子的权益。

2.3.4 数字人 + 医疗行业

数字人在医疗诊断方面有着广泛的应用。例如，它可以作为医生的辅助工具，通过分析医疗影像数据来协助医生诊断疾病，提高诊断的准确率和效率。而且，由于其 7×24 小时的在线服务，可以帮助医生减轻工作负担，降低医疗差错。

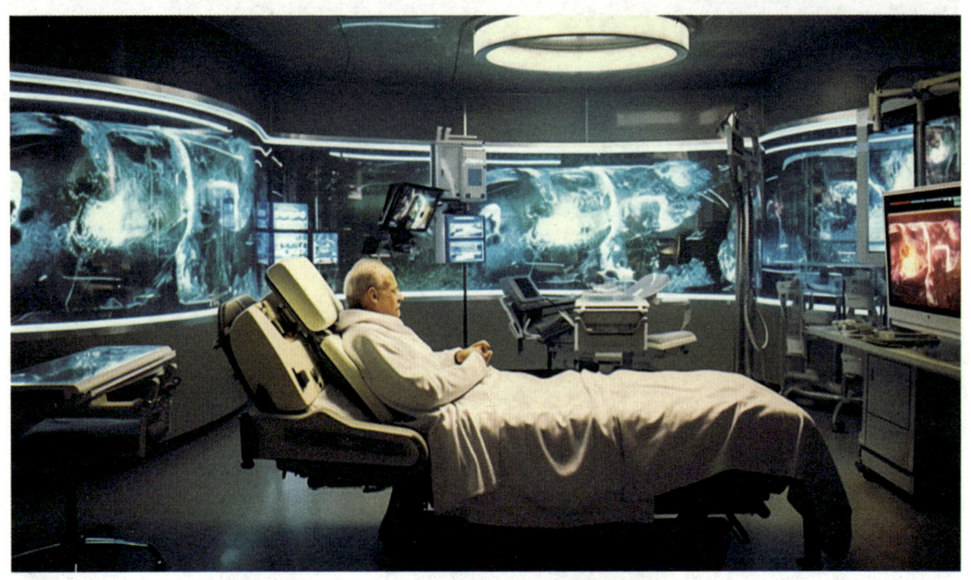

AIGC 生成的人类躺在病床上的画面

目前国内已经有多家 AI 科技类公司，在集中孵化数字人医生，在线解答一些用户常见的高频健康养生问题。大多数情况下并不需要真人医生介入，数字人可以处理 80% 以上的在线问诊信息。在个别大的综合性医院大厅，已经试点安装了若干台智能问诊大屏，里面内置了医疗型数字人，解决了一部分医疗资源紧张及患者排队的问题。

数字人在指导患者自我管理中也扮演着重要角色。它可以提供个性化的健康信息，指导患者如何管理他们的疾病。例如，对于糖尿病患者，数字人可以提供有关饮食和运动的建议，以帮助他们控制血糖。这种互动式的教育方式，可以增强患者的自我管理能力，从而提升治疗效果。

数字人还可以提供护理陪伴、心理咨询等服务，有些人在寻求心理健康服务时可能会感到不适或羞愧，而数字人则可以为他们提供一个安全、无压力的环境。通过模拟人类的反应，数字人可以和用户进行深度交流，帮助他们疏解心理问题，这对于改善公众的心理健康有着巨大的价值。

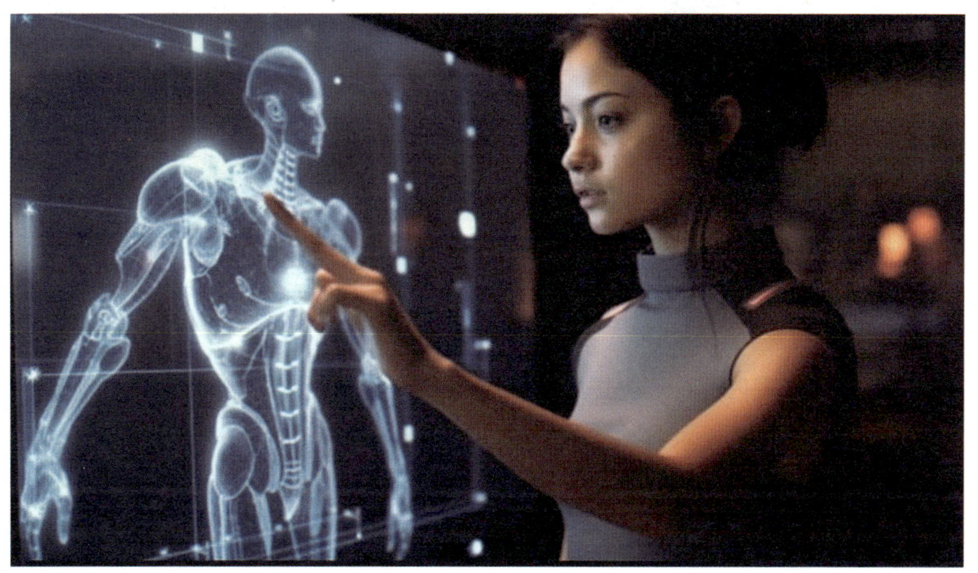

AIGC 生成的数字人正在查看 X 射线胶片的画面

2.3.5　数字人 + 影视行业

数字人技术正在引领一场影视制作革新。这项结合了人工智能和计算机视觉的技术，正在逐渐改变影视行业的生产方式和观看体验。

数字人在电影特效制作中扮演了重要角色。过去，制作带有大量特效的电影通常需要复杂的摄影技术和后期处理。而数字人技术的出现，使得特效制作过程更为简便。例如，通过数字人技术，制作人员可以创建逼真的虚拟演员，降低了现场拍摄的难度和成本。这使得影视制作人员可以制作出更加惊艳的视觉效果，提升观众的观影体验。

AIGC 生成的人类与数字人互动的画面

数字人在影视内容创作中也显现出了巨大的潜力。以动画制作为例，数字人可以根据编剧的设定，快速生成具有特定情感和行为的角色，这对于动画内容的快速迭代和优化有着重要的意义。同时，由于数字人能够进行深度学习，它可以不断学习和优化自己的表演，使得动画角色更加生动和富有感染力。

数字人技术还对影视行业的商业模式产生了影响。以电影宣传为例，数字人可以模拟真人演员进行宣传，如参加在线访谈、互动直播等。这不仅可以减轻真人演员的工作压力，也为影片的宣传带来了更多的可能性。

然而，数字人技术的应用也为影视行业带来了挑战，包括版权问题、相关工作人员岗位的变动等。为此，我们需要建立相关的法规和伦理准则，以确保数字人技术的健康发展。从特效制作到内容创作，再到商业模式，数字人都正在推动影视行业的变革。面对这一变革，我们需要把握机遇，同时也要充分考虑到其可能带来的挑战。

AIGC 生成的数字人

2.3.6　数字人 + 人力资源行业

人力资源招聘是企业运营的重要环节，招聘流程的效率和质量直接影响企业的竞争力。数字人技术的出现为人力资源行业带来了全新的解决方案。

数字人技术可以极大地提升招聘流程的效率。在传统的招聘过程中，初步筛选简历和初步面试占据了人力资源部门大量的人力和时间。而数字人可以 7×24 在线，并利用预设的标准进行自动筛选和初步面试，节省了人力资源部门的时间，提升了工作效率。

数字人技术可以提供公平、无偏见的招聘服务。人为因素可能会导致面试过程中的偏见和歧视，而数字人作为人工智能，无论是筛选简历还是进行面试，都能保证给予所有候选人公平、公正的对待，从而提高招聘流程的公平性。

数字人技术还可以提供个性化的招聘体验。例如，它可以通过深度学习来了解每个候选人的特长和需求，并根据这些信息提供定制化的面试问题和反馈。这种个性化的招聘体验不仅可以提高候选人的满意度，还可以帮助企业更准确地评估候选人的能力和适应性。

AIGC 生成的人类与数字人互动的画面

数字人在人力资源行业中的应用同时也带来了新的挑战，比如数据隐私和安全、人工智能决策的透明度等问题。因此，在引入数字人技术时，企业需要制定相关的策略和规范，以确保其安全、公正、透明。通过提升效率、确保公平性和提供个性化体验，数字人技术将进一步推动人力资源行业招聘流程的现代化和智能化。

AIGC 生成的人类与数字人交流的画面

2.3.7　数字人 + 直播带货行业

数字人可以通过以下方式在直播带货行业中发挥重要作用，并有可能逐步替代部分高薪主播。

1. 7×24 小时在线直播

数字人可以 24 小时在线，不受工作时间或健康状况的限制。这种全天候在线的特性为直播带货提供了更多的可能性，比如满足不同时区用户的需求。

2. 模拟真人互动

数字人能够利用人工智能和机器学习技术模拟真人的语言和表情，与观众进行自然互动。这使得数字人可以提供类似真人主播的直播体验，甚至可以通过持续学习和优化，提供更高质量的直播内容。

AIGC 生成的数字人直播画面

3. 个性化定制

数字人的外观和特性都可以根据需要进行定制。例如，可以设计成具有特定风格或形象的虚拟主播。品牌方可以根据目标观众的喜好，创造更具吸引力的虚拟主播形象。

4. 降低成本

与真人主播相比，数字人主播的维护成本相对较低。尽管初期的开发和训练可能需要一定的成本，但一旦投入使用，其后续的运营成本会比真人主播低很多。

需要注意的是，各大平台对于数字人在直播带货中的应用规则存在差异，我们需要熟知各平台的直播规范，避免在使用数字人直播过程中违反平台规定而被罚。

此外，数字人直播目前还不完善，也面临一些挑战，包括观众接受度、技术限制以及法律和伦理问题等。为此，需要逐步探索和优化数字人在直播带货中的应用方式，以挖掘其最大的潜力。

AIGC 生成的数字人直播画面

2.4　电商平台数字人直播规则

人工智能技术的快速发展，为互联网行业带来了更多可能性。尤其在内容创作领域，AIGC 技术降低了创作的门槛，丰富了互联网内容生态，为信息生产和传播带来了新的变革和机遇。但与此同时，人工智能生成内容存在识别难的特点，也带来了虚假信息泛滥、侵权等问题。

由于电商平台较多，本书仅以抖音为例介绍一下关于人工智能生成内容的平台规范。

2.4.1 遵守平台的规范

在抖音应用 AIGC 技术时，发布者应遵守以下规范：

（1）发布者须对人工智能生成内容进行显著标识，帮助用户区分虚拟与现实，特别是易混淆场景。

（2）发布者须对人工智能生成内容产生的相应后果负责。

（3）虚拟人须在平台进行注册，虚拟人技术使用者须实名认证。

（4）禁止利用 AIGC 技术创作、发布侵权内容，包括但不限于肖像权、知识产权等。一经发现，平台将严厉处罚。

（5）禁止利用 AIGC 技术创作、发布违背科学常识、弄虚作假、造谣传谣的内容。一经发现，平台将严厉处罚。

具体来说，抖音关于人工智能生成内容的平台规范有以下三个要点：

1. 首次承认虚拟主播合法化

抖音发布的规范中明确提到，使用人工智能技术辅助创作这件事本身，并没有违反平台规范，是被允许的行为。据介绍，平台将允许虚拟人进行注册，并对已注册的虚拟人形象进行保护。虚拟主播形象和内容必须提前备案。笔者预测，平台开出通行证后，以 AIGC 技术为基础的创作，将会成为未来发展的风潮。

2. 虚拟人直播须透明化

虚拟人直播须显著标识，帮用户区分虚拟与现实。抖音明确提到，平台将提供统一的人工智能生成内容标识，帮助创作者标记，方便用户区分虚拟与现实。在同步发布的《关于人工智能生成内容标识的水印与元数据规范》中，抖音也对人工智能生成内容的标识水印进行了明确规范。

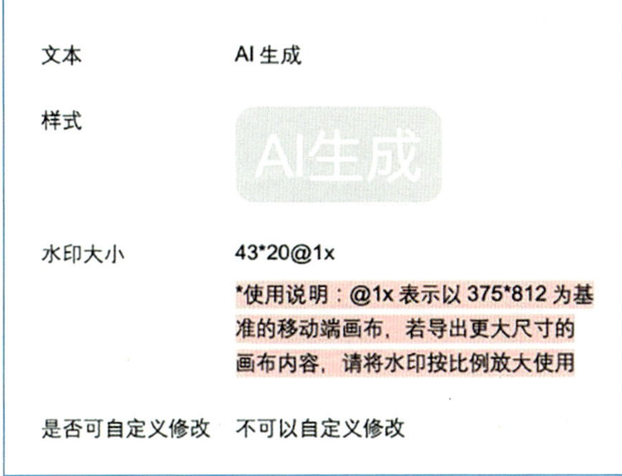

抖音发布的关于标识水印规范的截图

3. 数字人直播的内核是技术驱动

抖音提到，虚拟主播账号如果想正常使用，背后的真人使用者必须进行实名注册和认证。虚拟主播直播时，必须由真人驱动进行实时互动，不允许完全由人工智能驱动去做直播。

抖音第一次出台关于虚拟人或数字人的使用规范，平台允许数字人直播，但要遵循一定的规范。这些规范中最重要的一条，就是在使用数字人直播的时候必须由真人驱动。什么意思呢？就是有个真人在后面实时驱动，并且及时回答公屏的问题，不能用录音。换句话说，就是数字人主播必须由真实存在的人去驱动。

假设某个账号用丰年的形象去直播，一旦出现问题，丰年就要承担责任。直白一点来说，如果这个账号用丰年的形象卖东西出了问题，那么卖东西的这个账号要承担责任，并且是主要负责人，同时丰年也得承担一定的责任，但如果他用了一个虚拟主播，那就无法追究这个虚拟主播的责任了。而且，抖音要求用谁的形象去直播，这个形象就必须进行实名认证。

这个规定对数字人行业来说，是重大的利好。这是抖音第一次在公众号和官方的各种渠道宣布可以使用数字人直播。之前有很多客户、品牌方不敢使用数字人直播，原因是平台没有正式发声，现在允许了，虽然有一些要求和限制，但现在明确允许使用数字人直播。

2.4.2 人工智能生成内容常见问题及答复

这是抖音在 2023 年 5 月 9 日发布的《关于人工智能生成内容的平台规范暨行业倡议》。

1. 人工智能生成内容是指什么

利用 AIGC 技术自动生成的视频、图像、文本等内容。本规范重点针对人工智能生成的视频、图片和衍生的虚拟人直播。

2. 使用人工智能技术辅助创作是否违反了平台规范

使用人工智能技术辅助创作本身并不违反平台规范，是被允许的行为，但利用其生成和发布虚假、侵权等内容是违反平台规范的。

3. 人工智能生成内容会获得更好的流量吗

使用人工智能技术辅助创作，相较于用其他手段创作，并没有特殊的流量优势。平台其实更注重内容本身的质量，如果你认为使用该技术有利于达成这一点，那么可以考虑使用其辅助创作。相反，单纯地利用其低成本的优势生成低质内容，是平台不提倡的。

4. 我的个人作品或形象被用于人工智能生成怎么办

使用人工智能技术侵犯用户权益，是平台要重点治理的行为。面向用户，平台提供了专门的侵权反馈入口，可以随时反馈。

5. 平台允许使用虚拟人技术吗

平台允许适当使用虚拟人技术，但必须遵守平台规范。使用虚拟人进行直播或创建以虚拟人为人设的账号，必须对相应的虚拟人形象进行注册。虚拟人背后的真人使用者，必须进行实名注册和认证。使用已注册的虚拟人形象进行直播时，必须由真人驱动进行实时互动，不允许完全由人工智能驱动去互动。

2.5 数字人直播合规操作及注意事项

大家在真人直播时有没有被提示过“不允许录播”？其实真人直播，有时也会被提示“不允许录播”。就连真人直播都会被提示，所以数字人直播也不能保证绝对不违规。大家使用同一套话术，如果真人直播时这套话术没有违规，那么用数字人直播时基本上也没有太大的问题。

以下内容是作者团队对这几个月数字人直播经验的一个总结，大家可以借鉴一下。

2.5.1　避免音画不同步

音画不同步，指的是当真人主播或数字人主播出现的时候，声音一定要和画面是同步的，否则就是违规。

2.5.2　避免循环播放时间过短

循环播放时间过短，指的是背景视频与话术的播放时长过短。不管是数字人直播还是录播，都是循环播放的时间越长越安全。尤其是数字人直播，当你使用音频的时候，如果是真人驱动的话，还算比较安全，毕竟真人随时可以说话，会比较真实。换句话说，使用音频确实很省事，但是在使用过程中，你会发现如果你用一段 10 分钟的音频，播 2 小时的话，它就要重复十几次，这样是违规的，平台不允许这样操作。如果你换一段时长为 2 小时的音频，连着播半个月可能都不会违规，因为重复的频率没有那么高，这就是二者的差别，所以一定要避免循环播放时间过短。虽然数字人可以 24 小时直播，但我不建议大家播那么长时间，因为这样就避免不了循环播放。另外，我也不建议大家天天拉时长，除非你用真人主播去直播，否则最好错开场次。

抖音直播伴侣页面截图

2.5.3 避免盗用素材

如果你想使用别人的一些素材，一定要做一些处理。

首先，需要确认素材的版权。如果素材是别人创作的并且有版权保护，那么你就需要获得作者的授权或者购买其版权，否则就会构成侵权。

其次，需要注意素材的使用范围。即使你被授权或者购买了版权，也需要确认素材的使用范围，以免侵犯作者的权益。

最后，需要对素材进行加工和改编。比如，有些素材只能用于非商业用途，不能用于商业用途。又比如，有些素材可以自由使用，但是不能进行改编和剪辑。因此，在使用素材之前，你需要仔细阅读相关规定，以免侵犯作者的权益。

本书作者七七的数字人形象直播截图

2.5.4　可以借助内置音频

音频驱动数字人直播其实是一种录播或者半无人的直播形式。比如，提前录好视频，将画面放到直播伴侣里，然后让真人连着麦克风实时说话，这样违规吗？不违规。但如果放的是录音，就有可能违规。我教大家一个小技巧，就是使用声卡。它是一个很好用的工具。

声卡的使用方法其实很简单，如果你直接把它放到电脑里，它就是内置的音频，电脑是能够识别出来的。现在我们改变一下它的使用方式，连接声卡后，不是真人说话，而是让声卡去连一个手机，播放录音。因为它还是从声卡中发出的声音，所以很像真人在说话。

这个是目前能让数字人直播发挥最大作用的一个方法，推荐给大家。如果大家正在使用数字人直播，也可以考虑使用这种方式。

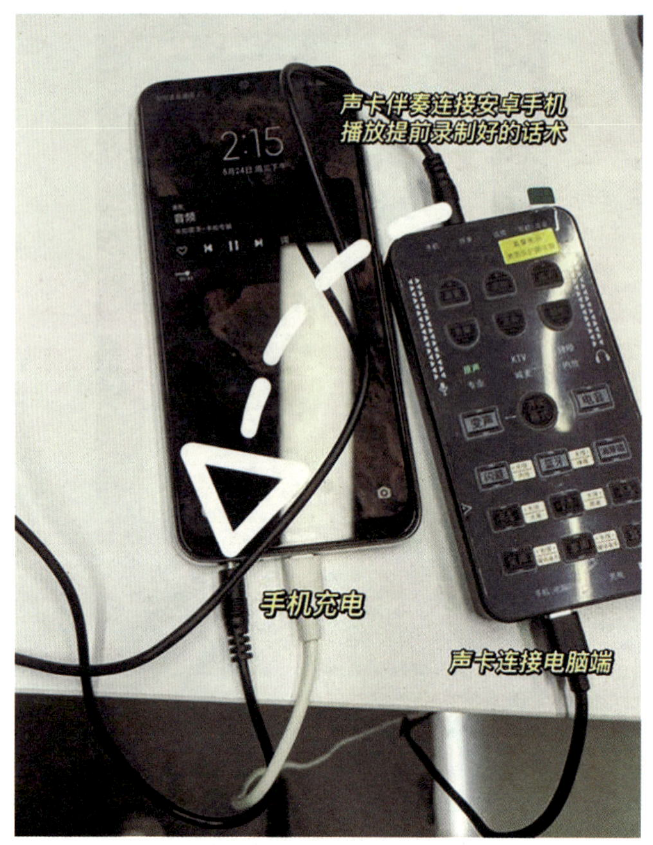

声卡连接手机的图片

2.5.5 避免无人回复

无人回复这种情况，其实在真人直播的时候也可能会出现，这和真人直播情况类似，其实不一定非得让真人一对一地回复。在公屏上打字回复，也是可以的。所以，这里我建议大家在直播间安排一个小助理，可以同时负责几个直播间，实时回复公屏上的问题。

小助理可以帮助主播实时关注公屏的提问和留言，并根据问题的紧急程度、热度和类型进行分类、筛选和回复。例如，对于一些重要的用户反馈和问题，可以优先回复或私信单独处理；对于一些简单的问题留言，可以在公屏上及时回复，保持直播间的互动性和关注度。

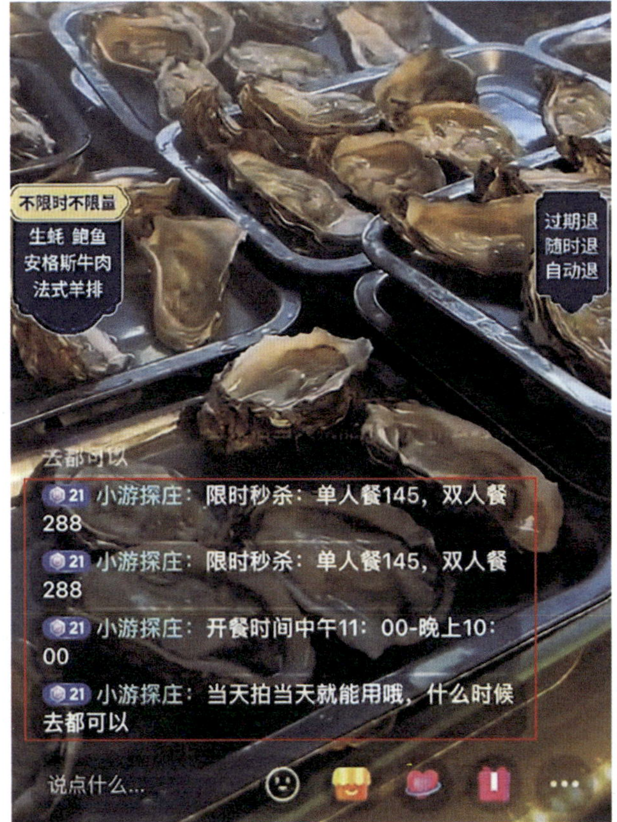

抖音直播间直播弹幕截图

2.5.6　中间穿插真人直播

如果连着一个月都用数字人直播，这种操作其实是挺危险的。我建议大家可以用数字人直播一星期，然后来一场真人直播，尽量让真人主播高频次地出现在直播间，这样可以保证账号的安全性。

中间穿插真人直播，可以为观众带来更多元化的内容和真实的互动感以提高该账号的互动性和观众参与度，从而提高用户黏性和留存率，同时也可以避免被平台自动审核系统判定为画面重复或违规内容。

实践中，大家可以采用真人驱动 + 音频驱动的方式，比如每隔一段时间播出一场真人直播，以保持账号的活跃度和品牌形象。在真人直播中，可以根据不同的场景和目的，设置不同的互动方式、主题或特别活动，比如与观众互动、赠送一些小礼品等，激发观众的观看热情和互动欲望。

总之，为保障虚拟主播账号的安全性，我们需要合理安排数字人和真人的直播频次，并根据用户的需求开展不同方式的互动，不断提升直播的质量和用户体验，增加用户黏性和留存率，实现数字人直播和真人直播的优势互补和完美融合。

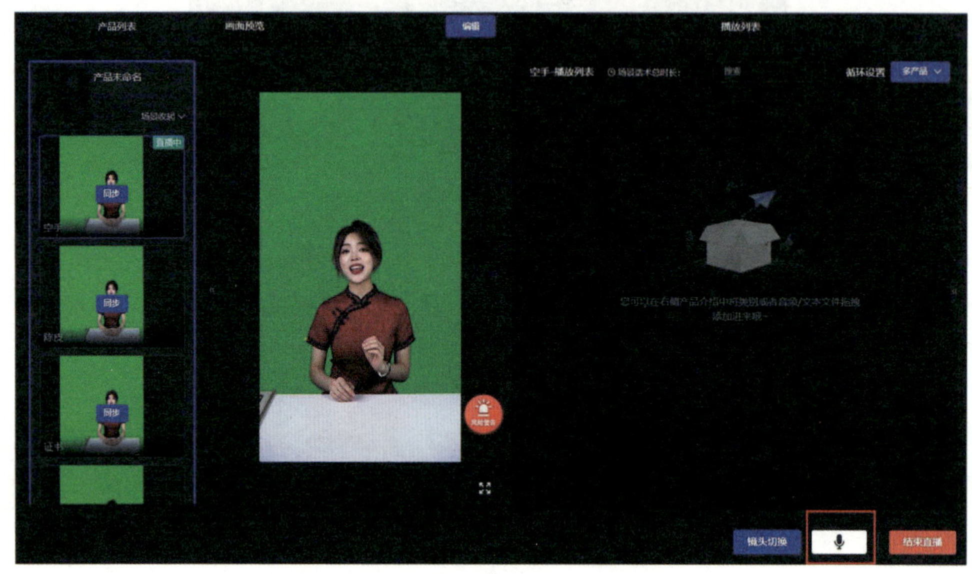

本书作者七七的数字人形象直播截图

2.5.7 避免主播动作单一

数字人直播的时候如果动作太单一，也会导致违规。平台会检测一定时间段内画面的重复度，如果平台发现你的数字人直播时没有动作，也没有表情，那么你这个账号就会被平台认为是画面重复，会直接被判定违规，即使你是真人驱动的也不行。要想规避这个问题，很简单，换一个动作和表情丰富的数字人就好了。

2.5.8　要有互动性

由于数字人直播可能缺乏互动性和即时性，容易让观众感到乏味或缺乏参与感。因此，通常需要借助真人直播来提高观众与主播之间的互动性。

在一些流量大的时段用真人去直播，互动性就会有保障。与数字人直播不同的是，真人直播可以实时回答观众的问题、与观众互动，还可以自由掌控直播的内容和节奏，更加灵活自由。同时，直播过程中最吸引人的环节也往往来自观众与真人主播的互动。

真人驱动数字人直播的画面

2.6 数字人直播的驱动方式

数字人直播的驱动方式有三种：文本驱动、音频驱动、真人驱动。

第一种方式是文本驱动，这是最简单的一种驱动方式。现在，很多人想用ChatGPT 生成直播脚本和话术，目前的技术水平确实也可以做到，但是效果相对差了一点，ChatGPT 生成的脚本和话术需要人工进行修改。修改完以后，把这个文本直接复制粘贴到数字人直播间的后台，让数字人根据这些脚本和话术自己读出来。

第二种方式是音频驱动，就是上文中所说的，在一场直播中，真人主播播两个小时，然后其他工作人员在旁边把直播全程录下来，真人主播下播以后，还可以用真人主播的录音配上虚拟主播再播两个小时。这个是现在应用得比较广的方式，其实音频驱动数字人直播除了互动性较差这个缺点，真实性还是可以的。大家可以再招聘一些小助理，让小助理在公屏上打字回复，一个小助理可以同时盯 3 个直播间，回复效率也是挺高的。

第三种方式是真人驱动，它可以解决主播不想露脸的问题。有些主播不愿意上镜，并不是能力不行，就是不想露脸。现在有了数字人，主播可以在旁边拿着麦克风去说话，这个就是真人驱动，主播直接说话就可以了，不需要露脸。

本书作者七七的数字人形象直播截图

2.7 数字人直播的呈现效果

你的数字人逼真也好，好看也好，效果到底如何？关键就在于采样，采样采得好，不仅能有效规避风险，还能提升直播效果。采样的核心关键点在于，被采样的模特表现力一定要强。

其实数字人采样就是拍一段 10～15 分钟的视频，在视频里主播说一些自己平时直播使用的话术。注意：采样时要说一些匹配度比较高的话术，这样采集出来的数字人的眼神、表情等与真人的重合度才会比较高。比如在卖货的时候，为了让观众赶紧去买，主播可能会有一些急促的表情，也可能会娓娓道来。那么，采样的时候真人主播就要有这样的表情，一定要和自己直播时的样子一样。

再就是手势动作，在数字人采样的时候，主播尽量让自己的手势丰富一些。平时直播的时候，主播基本上都会配合着手势来介绍产品。比如，说到降价时会有切菜的动作、倒计时的动作等。那么在采样的时候，也要根据采样时的话术做出相应的手势动作，并且要尽量丰富一些，这样在后期训练的时候，你的数字人形象就没有那么僵硬了。

还有穿着，因为数字人脖子的灵活性比较差，不能像真人一样歪头扭头而必须是正面的，所以采样的时候可以稍微有一点点偏头。数字人的脖子如果不动，就会看起来很假，一看就是个机器人。所以大家在采样的时候一定要注意着装，尤其是女生，一定要在穿着上下功夫。因为采样工作也有成本，所以尽量不要轻易更换形象，一般来说，一套衣服、装饰固定用一年。

视频时长

视频录制时长为 10~15 分钟，摄像机全程不停。录制时，主播说 3 分钟，静止 30 秒，到时候可以让摄影师提醒一下。

模特动作

1. 手势动作尽量多一点，直播时常用的动作，比如切菜、倒计时、推门、比心、拍手等手势，但手势动作的幅度不要太大，最好在脖子以下范围活动，不能遮挡脸部。
2. 可以戴耳钉，不要戴悬空的耳环。
3. 妆化得越浓越好，阴影、高光可以打在重点部位，化摄影妆最好。
4. 拍摄过程中要保证收音清楚，不要有额外的背景音乐。

数字人采样现场注意事项

2.8 数字人直播带货打法

2.8.1 数字人直播的竞争力特色

我们把直播带货定义为数字人行业应用的排头兵，那么数字人主播是不是可以替代真人主播呢？或者说数字人会颠覆传统的直播商业模式吗？

我们认为，在最近两三年的时间里，数字人主播并不能完全替代真人主播，数字人能够替代的是重复度高、情绪度低的浅层内容型短视频的出镜者和直播间的主播。那么，什么是浅层内容型的短视频和直播呢？

顾名思义，浅层内容型短视频和直播就是不断套用相似的脚本模板创作的短视频内容，以及品牌店铺的单品重复循环型直播。在这类直播间中，尽管主播的颜值属于中上等水平，但是因单品销售模式的限制，单个真人主播在平均每天 5~6 小时的直播时长里，很难长时间地保持高昂的情绪，更谈不上有创意和激情地回复直播间观众的各种问题。虽然我认为 AI 技术不会停滞不前，但是在可以预见的两三年时间内，数字人主播无法脱离它的真实自然人操控者去完全自主智能地表达类似人的情感和智慧。AI 的存在就是为了打破人类想象的天花板，我也期待 AI 能够发展到自主直播的那一天，但是我认为当下还不行。

那么大家可能想问，利用当下的技术如何提升数字人主播的情绪和感情呢？如何让数字人主播的表现更加接近真人主播的表现呢？据我们了解，目前的数字人直播可以引入实时动作捕捉技术，而这也伴随着算力成本的下降。

大概的技术实现逻辑是，真人主播（数字人操作员）面前会放置一部高清的民用普通级摄像头，专门用来实时采集数字人操作员的表情变化，如微笑、开怀大笑、思考时的皱眉等，这些动作可以实时传递给镜头前的数字人主播，哪怕这两个人的脸型并不完全匹配。也就是说，一个方脸的男操作员的微笑也可以实时反馈给镜头前的瓜子脸女主播，这并不是实时换脸，而是基于实时动作捕捉技术的表情传递。最关键的是，这项技术的算力成本已经大幅降低，可以进行大范围的民间商业化应用。

这项技术的突破，再加上数字人脸数据采集技术，将来一旦超过人类认知的某个临界值，那么拟真的效果就是压倒性的，它会颠覆人类的认知，那时我们将根本无法分辨真实的人类主播和数字人主播。

谁能想到，直播间居然成了人工智能图灵测试的终极试验场呢？

给大家补充一点图灵测试的知识，因为只要谈人工智能，就绕不开图灵测试（Turing test）。图灵测试由艾伦·麦席森·图灵提出，是指测试者（一个人）与被测试者（一台机器）在被隔开的情况下，通过一些装置（如键盘）向被测试者随意提问。进行多次测试后，如果这台机器让平均每个参与者做出超过 30% 的误判，那么它就通过了该测试，并被认为具有人类的智能。“图灵测试”一词来源于图灵写于 1950 年的一篇论文《计算机器与智能》，其中“30%”这个数据是他对 2000 年时的机器思考能力的一个预测。

图灵测试已经成为衡量 AI 的智能水平最常用的标准。“机器能否思考”这个问题也跨越了世纪，指导着后世的计算机和人工智能技术革新。

由于网络及数据安全的原因，在国内我们并不能顺畅地访问 GPT 官网。所以，对普通民众来说，我们在 2023 年能够接触到的民用 AI 应用就是数字人，而直播领域又恰恰是当下数字人商业化应用最广泛、企业客户认知基础最深入的方向。

要想验证 AI 的智能水平，一定得通过图灵测试，说白了，就是观众能否看出跟自己对话的是机器人。70 多年前的图灵提出的对话方式是通过键盘，或者通过写信来验证，而如今我们有了无数个图灵测试场，那就是在抖音、淘宝等各大平台上活跃的数字人直播间。

图灵测试，从某种意义上来说是过时的。因为图灵测试这么多年都是基于文本的，而机器学习技术已经让 AI 在视觉、听觉、多传感器融合、决策规划等诸多方面取得了长足发展。一个最经典的例子就是，以 AlphaGo 为代表的足以在各种高难度博弈项目中击败人类顶级选手的 AI。更不用说自 2022 年年底以来大杀四方的 GPT。而这些重大进展，很难在一成不变的图灵测试中得到体现。直播间是我能想到的当下最佳的 AI 能力验证测试场，人脸的表现力、声音的情感表达力以及对屏幕上用户的及时回复，这些都代表着 AI 的智能水平。

目前数字人主播能做到的是，一个真人主播（数字人操作员）在话筒前按照脚本，实时驱动一个数字人主播在屏幕前用高颜值和丰富场景售卖产品。这已经解决了主播颜值、主播能力、直播间装修等诸多问题，因为这种直播间同时可以推流多个电商平台。

2023 年，从技术层面来说，可以实现 AI 模拟特定声音进行直播，也就是你输入一段文字，AI 帮你读出来，实时翻译、发音，并且声音中带有接近真人的音调和情感。要知道，声音克隆比脸部克隆要难得多，更重要的是，这项技术的民用成本已经低于一个真人主播的月工资水平。换句话说，谁能用好数字人直播，谁就是 AI 技术应用在未来两三年内的最大获益者。

大家要知道，AI 领域向来是赢家通吃，就像 GPT 几乎吃掉了所有 AI 大模型的关注和红利，而 Midjourney 这家 AI 绘图公司更是以不到 15 人的规模，实现了单月数亿美元的营收。还要特别提到的一点是，各大平台对于数字人直播所持的态度也有很大不同。比如，淘宝其实早就拥抱数字人直播了，但是限于技术水平和数字人主播的表现力等诸多问题，一直没有大规模推广，但其实从淘宝电商直播间的实际展现效果来说，目前数字人主播已经可以满足淘宝商家的直播需要。未来一两年内，苏浙沪地区的淘宝中小直播服务商会被 AI 大规模洗牌，主要原因还是出于成本的考虑。

2.8.2　数字人直播的成本优势

笔者所创立的这家公司是一个规模中等的直播 MCN 机构，在上海、杭州、石家庄有多个直播间。在过去的 5 年时间里，我们公司招募了超过 300 名带货主播，为超过 100 个品牌提供了数千场次的直播服务。我们以杭州为例，给大家直观展示一下在被称为“中国直播电商第一城”的杭州用真人直播 18 小时和用数字人直播 18 小时的月成本预估对比。（注：此成本预估因具体人员安排和所在地区不同会有些许差异。）

真人日播18小时单直播间月成本预估（杭州）				
成本	数量	平均成本/月	成本总计/月	备注
主播	4.5	¥15,000	¥67,500	全职，单人直播4小时/天
助理	3	¥8,000	¥240,000	全职，单人工作6小时/天
运营	1	¥15,000	¥15,000	管理团队，优化迭代
场地/设备均摊	1	¥10,000	¥10,000	灯光/摄像机/30~50平方米的场地
合计	¥116500（平均成本10万~15万元）			

数字人日播18小时单直播间月成本预估（杭州）				
成本	数量	平均成本/月	成本总计/月	备注
数字人直播操作员	3	¥3,600	¥10,800	实习生，单人工作6小时/天，日薪120元
助理	0	¥0	¥0	不需要助理
运营	0.3	¥15,000	¥4,500	不需要管理团队和优化迭代
数字人使用费用均摊	1	¥5,000	¥5,000	根据供应商提供的产品来定
场地/设备均摊	0.1	¥10,000	¥1,000	一台独立显卡中等配置的电脑+一个麦克风
合计	¥21300（平均成本1.8万~2.5万元）			

杭州真人直播和数字人直播月成本预估对比图

从对比图中可以看出，数字人直播可以降低 80% 以上的成本，这足以颠覆直播行业的人力架构模型，其实市面上还有很多没有真人操控的数字人录播直播间，那里根本不需要数字人操作员，只是用录音去驱动数字人主播，基本上不需要付出任何人力成本，但是这种直播方式可能会违反电商平台的规则，出现带货转化率低等一系列问题，在目前的技术水平下，我们不推荐采用录音驱动的方式去实施数字人直播。

2.8.3 数字人直播的驱动方式

上文中我多次提到一个名词：数字人操作员，事实上这个职业也是本书面世的主要原因之一。我们认为，数字人作为 AIGC 技术应用的产物，就如同电脑前的打工人一样，是需要匹配不同能力水平的真人去操作的。换句话说，数字人直播是需要真人驱动的，所以我们将目前市面上主流的数字人驱动方式介绍给大家，不同的驱动方式对应的工作模型也是不同的。

数字人直播间驱动方式	数字人操作员工作要点	直播间观众互动模式	平台风控风险
1. 真人+实时真声驱动	露脸、发声	真人互动	推荐
2. 脸模+实时真声驱动（主流）	发声	实时音频互动	强烈推荐
3. 脸模+实时真声驱动（动作捕捉）	动捕、发声	真人互动	强烈推荐
4. 脸模+实时声模驱动	发声	实时音频互动	推荐
5. 脸模+实时声模驱动（动作捕捉）	动捕、发声	真人互动	推荐
6. 脸模+非实时真声驱动	后台操作	非实时音频切片互动	不推荐
7. 脸模+非实时声模驱动	后台操作	非实时音频切片互动	不推荐

数字人直播间当下及未来主要的驱动方式

数字人驱动方式，是指用何种方式或者选择何种能力的数字人操作员，来驱动在直播间里销售产品或服务的这个数字人。比如，或用声音驱动，或通过动作捕捉技术用真人表情的实时变化去驱动，或通过操作员打字让 AI 把文字变成语音，然后再驱动数字人说出来。

上述这几种驱动方式中提到了“脸模”一词。脸模，指的是直播间呈现的，也就是平台让用户看到的数字人形象。这个形象可能采集自某个真实存在的自然人，也可能是合成了多个真实自然人的面部特征，比如明星 A 的眼睛，搭配明星 B 的鼻子，再搭配明星 C 的唇形。

在本书的附录部分中，我们给大家提供了采集数字人脸模的指导建议和操作步骤，大家可以根据需要自行查阅。

与“脸模”一词相对应的是“声模”。声模，指的是通过具备实时音色转换能力的 AI 技术将某个人的特定声线和音色转化成声音。需要注意的是，目前各大平台对这个技术的应用非常慎重，因此我们也再次强调平台要谨慎使用这个技术，避免违反平台的监管规则和国家的法律规定。

2.8.4 实拍产品 + 数字人结合

本书作者七七的数字人形象直播截图

数字人直播背景的一种玩法是将实拍产品和数字人结合起来，这样做可以将产品展示和销售的效果做到最大化，同时也可以吸引更多的观众。具体来说，实拍产品和数字人结合可以采用以下方式：

（1）在数字人直播背景中加入实物产品。在直播前，可以提前拍摄好要直播的产品，然后将拍摄的视频进行剪辑，展示实物产品的外观、功能等方面的特性，吸引观众的注意力，和观众进行互动，介绍产品的优点和使用方法。

（2）在数字人直播背景中展示虚拟产品。除了实物产品，虚拟主播也可以在数字人直播背景中展示虚拟产品，比如产品的 3D 模型等，通过高清、立体的展示，让观众可以 360 度旋转查看产品的外观、功能等，同时也可以让观众更好地理解产品的使用方法和优点。

（3）用走播的方式拍摄数字人直播背景。这样可以增加直播间的趣味性和可看性，更好地吸引观众以及满足他们的需求和期望。走播的拍摄方式，可以更加灵活地切换角度，使画面更加丰富，增强现场感和趣味性。集中展现宣传的重点，使内容更加突出。走播的拍摄方式，在互动环节中也很实用，因为摄像机可以随时调整角度，让观众可以清晰地看到目标物，并且可以追踪活动范围，增强互动效果。

总的来说，将实拍产品和数字人结合起来，可以让直播间变得更加丰富多彩，吸引更多观众参与到直播中来，实现良好的互动效果和商业价值。

2.8.5 真人主播 + 数字人结合

本书作者丰年直播截图

数字人直播背景的另一种玩法是在真人主播的直播背景中添加数字人来讲解产品。这种方式可以实现数字人直播背景和真人主播之间的良好协作，使观众在直播时更容易理解和接受产品。这种玩法的优势在于：

（1）相互协作共同展示产品。在直播中，真人主播可以去展示产品，而数字人则通过真人驱动根据话术来描述产品的特点，或者进行更加形象化的展示，以增强信息传达效果。

（2）视觉效果更加突出。在数字人直播背景中增加真人主播，可以使产品展示过程更加真实，尤其是日用品类产品，如护肤品，可以让真人主播演示护肤的一系列步骤，数字人在一旁讲解产品。这样能起到更好地展示产品的作用。

（3）产品讲解更加精准。我们在用数字人之前，一定是有一套完整的话术来描述产品的。现在，我们可以通过实时驱动将提前写好的话术让数字人在直播间讲出来，使得产品讲解更加专业且有针对性。

在数字人的帮助下，真人主播可以提升产品的展示效果，同时数字人也可以通过语音等形式增强产品的吸引力和影响力，最终实现更好的营销效果。真人主播和数字人相结合，可以充分发挥真人主播和数字人的各自优势，以最佳的方式为产品营销和传播带来更大价值。

第 3 章

直播电商底层逻辑

关于数字人直播，有些人存在质疑，而有些人则非常好奇。他们认为数字人直播很简单，只要具备一定的购买力和设备适配性，就能够轻松地操纵数字人并获得不错的带货效果。但实际上，数字人直播成功与否最终取决于直播运营的能力，而不仅仅是看数字人是否更加智能。

AIGC 生成的数字人展示直播间核心能力的图示

在数字人直播间，操纵数字人的这个人（数字人操作员），既是主播，也是运营人员。因为数字人直播是一个提升人效、节省成本的直播形式，所以数字人操作员的岗位职责是二合一的。

数字人操作员需要具备六种能力，这是六种不可或缺的能力，分别是心态力、产品力、感染力、话术力、控场力和流量感知力。

因此，我们需要明确数字人操作员的核心能力，然后通过培养和训练，才能够提高数字人主播的综合能力，从而取得更好的带货效果。

AIGC 生成的数字人主播忙碌学习直播技能的图示

3.1　心态力：直播关键节点的心态调整

在新媒体行业中，特别是在短视频或直播等领域，一些主播之所以能够获得成功，不是因为他们创作的脚本有多有趣、表演得有多好、创意有多新颖，而是因为他们数年来在这些平台深耕已久。

在短视频或直播的过程中，心态和情绪十分重要。在直播过程中，主播的心态和情绪会影响所有人，不仅会影响观众，也会影响团队的其他成员。因此，主播的情绪管理能力就显得尤为重要了。

AIGC 生成的心态图示

无论在哪个行业，情绪管理能力都是成功的重要因素之一。一般来说，直播间主播常见的心态问题有以下几种。

3.1.1　在线人数太少播不下去

在很多直播平台推流过程中，通常会先把主播放在曝光窗口中，等待用户自由选择是否进入直播间。如果用户看到主播状态不佳，可能就不会进入了。

对新手主播来说，当经历低在线率的时候，应该给自己信心，要明白行业内几乎所有的大主播都曾经历过低在线率，这是所有主播的必经之路。因此，在这个过程中，主播应先把自己的状态调整好，即便直播间没有多少人，也要快速调整状态。

3.1.2　人气忽高忽低

在直播平台，人气忽高忽低是非常常见的现象。我们经常会看到这样的情况：直播间前几分钟还有几百个人在线，但没过几分钟就只剩下几十个人了。这是非常正常的现象。因此，我们不能将直播看作一夜暴富的捷径，相反，我们必须将其视为一个需要长期经营的生意。

与经营实体店类似，我们不会因为某一天下雨而关闭店铺。同样地，我们要在直播中保持稳定性和耐心，用长期的经营理念来看待直播。

那么，遇到人气忽高忽低的情况该如何应对呢？第一，坦然接受自然流量的不稳定；第二，想要让流量变得稳定，就要找到直播间能够应对高在线率的产品，以及应对低在线率的引流产品；第三，要增加短视频和付费流量的介入，这两种流量相对来说更加稳定，也更加精准。

直播间流量波动的图示

3.1.3 上镜焦虑

很多主播在直播时会存在上镜焦虑。使用数字人直播可以很好地解决这个问题，因为不需要露脸，他们可能会表现得更加自然。不过在直播间使用数字人后，对驱动数字人的运营团队也提出了更高的要求。

AIGC 生成的数字人解决主播上镜焦虑问题

3.1.4　自信心不足

一般来说，主播都会面临直播间营业额不稳定的问题，这也经常会让他们怀疑自己的能力。实际上这种情况并不罕见。在直播行业，你不可能做到让所有人都喜欢你。此外，你也无法完全操控流量，即使是资深主播或运营专家，也不能完全解决这些问题。

因此，增强自信心非常重要，因为直播间交易的底层逻辑是建立信任感。如果主播对自己缺乏信心，那么观众也会感受到，并对主播的真诚度产生怀疑。观众之所以会下单购买，是因为他们被主播对产品充满信心的表现所打动。因此，在直播行业，学会激励自己非常重要。

以下是帮助主播增强自信心的一些小技巧：

（1）直播前喊口号。这是许多头部主播直播间经常使用的技巧，非常有用。你可以喊出类似“吉时已到”等口号，让自己在潜意识中相信这是最佳时机，自己是最棒的。

（2）直播前做一些有氧运动。刚开始直播时，主播通常需要适应一下环境，缓慢进入状态。虽然每个平台的流量机制不太一样，但刚开始的几分钟确实非常重要，甚至会影响整场直播的效果。因此，让自己快速进入状态非常重要。我的建议是开播前做一些有氧运动，如爬楼梯、高抬腿、开合跳等，帮助自己进入状态。

3.1.5 高估自己

有一些主播在取得一定成绩后，很容易产生高估自己的心态。从道德层面来看，这种心态很不好，我们发现，很多这样的主播之后的销售数据会明显下滑。这是因为一旦膨胀，主播会认为自己已经非常出色，人气很旺，不需要去学习，但实际上所有的直播平台都在不断迭代和学习，如果不学习，就会落后。

因此，即使取得了不错的成绩，主播也应保持初心，持续学习，与团队成员进行复盘，多倾听他人的建议和意见。此外，主播还应该多参加集体讨论，听取其他人的意见，并向其他优秀主播学习。在这个快速发展的行业中，只有不断学习和进步，才能保持领先地位和竞争力。

AIGC 生成的不断学习的主播

3.1.6　厌倦心理

除了纯店铺直播间，大多数想要吸引自然流量的直播间都是以爆品驱动为核心的，反复循环不断推销爆品。即使一场直播下来卖出了几十款产品，最终的成交率也往往只体现在一到两款爆品上。因此，主播必须克服厌倦情绪，掌握循环推销的能力。这就需要主播一遍又一遍地循环推销，同时还要保证每一遍所介绍的产品内容基本上没有大的差别，状态和情绪也没有太大波动，这是非常难的。

我不建议新手主播一上来就推很多产品，相反，我认为应该抓住当前一到两款爆品，并不断反复地练习推销技能，从而迅速提升自己的能力。在这个过程中，主播不仅要熟练掌握产品信息，还要提升表达能力和感染力。

3.2 产品力：站在用户的角度选品，挖掘卖点

目前大多数主播都是半路出家，他们对产品的了解通常只是表面上的。例如，卖陈皮的主播可能只是从书中搜集了一些资料，而对产品的了解程度并不深。虽然某些爆品只需要报价就能够促成交易，但大多数产品还是应该从用户需求和痛点出发，进行深入宣传。对产品了解得越深入，越容易打动用户。因此，在这个过程中，主播必须扎实基础，充分了解产品，站在用户的角度介绍产品，而不是固守着产品思维。

有数据表明，大多数情况下，专业人士做直播的效果不如那些没有深入接触过产品的带货主播的效果好。这是因为专业人士的思维已经固化在产品本身上了，他们认为使用先进的机器、高质量的原材料、获得的奖项等是非常重要的，其实多数用户并不关心这些细节。在选择产品时，用户关注更多的是实际的好处，如产品质量是否好，使用寿命是否长，价格是否低，等等。因此，主播应该更加关注用户的需求，并解决那些真正困扰用户的问题，只有这样才能赢得用户的信任和长期支持。

围绕用户关心的核心问题，主播需要了解五个方面的产品知识：第一，卖点；第二，加分项；第三，价格；第四，使用场景和方法；第五，售后。

3.2.1 卖点

一般来说，描述产品的卖点时不能超过四个，因为描述得太多，用户就听不进去了。

那么，第一个卖点一定是用户买这个产品的核心原因，即核心卖点，哪怕只有一个，也能通过这个点说到用户的心坎里，把东西卖出去。比如，一款大码连衣裙，它的核心卖点是哪怕你的体重有 300 多斤，依旧穿得下，而且比穿其他的衣服都显瘦，至于这个裙子用的是什么面料，是否柔软，是否掉色，都是辅助卖点，不是

核心卖点。

如何找到核心卖点呢？我推荐一个小技巧，就是在电商平台那里看产品主图，一般主图上最突出的点就是它的核心卖点。

另外就是搜索同类产品，看排名靠前的产品主图，它上面标注的卖点就是最吸引眼球的，你一眼就能看出它卖的是什么，然后你把那些点击率高、销量高的产品主图筛选出来供自己使用。

3.2.2 加分项

加分项是给核心卖点做佐证的，主播不能空讲加分项，应出具一些可视化的证明，比如质量检测报告、获奖证书等。

3.2.3 价格

主播要对市面上的同类产品了如指掌，比如比自己家的产品档次高或档次低，只有这样才能给用户传达出“同质量价格我最优、同价格质量我最好”的效果。

3.2.4 使用场景和方法

这也是用户非常关心的问题，主播可以就此延伸出用户的痛点和需求，尤其是在兴趣电商平台中。用户一开始消费欲望不强，主播就需要给用户营造一个具体的画面来激发用户的消费欲望。在营造过程中，需要有时间、地点、人物、起因、经过、结果等要素，要营造出具体的画面，比如：“平安夜，你走在下着雪的街道，微黄的灯光打在你的脸上，玫红色的裙子衬得你的脸蛋粉粉嫩嫩的，看起来非常可爱。”

3.2.5 售后

有时，用户购买产品可能就是因为主播的三言两语，而对主播产生了强烈的信任感。然而要想获得用户的长期信任和支持，除了信任感，发货速度和售后问题也是影响销售的重要因素，同样需要主播十分重视。

3.3 感染力：牵动用户的情绪

想要获得一份优秀话术其实非常简单，去带货榜搜，用数据平台去抓取，都能看出谁的销售数据好，获取优秀话术最直接的方法就是把销售数据好的直播间的主播话术录屏转成文字，然后去模仿。然而，即使使用同样的话术，同样的产品，不同的主播，播出的效果也是不一样的。效果不一样的原因在于话术是否具有感染力，能不能牵动用户的情绪，使其下单。

感染力分为声音和画面两部分，数字人直播间的画面感染力，靠的是采样效果。采样部分可以参考本书后面的内容，其中对直播间的采样做了详细拆解。

声音感染力，就要靠实时驱动了。也就是说，真人在驱动数字人的时候可以通过话筒将声音传递到直播间，而这个声音一定要有感染力。这里，我可以给大家一个练习方法。

不管用不用数字人做直播，要想让自己的声音有感染力，需要三步：

第一步是找到适合自己的对标人物，比如说话十分温柔的小女生肯定不能一上来就去模仿一个大大咧咧气场十足的老板娘的形象，要找表现力强于自己且自己有机会达成目标的对象。

第二步是录屏拆解，看对标人物的表情、肢体语言，他说到哪里笑了、哪里皱眉了、哪句话表情严肃了，等等，做到细致拆解。

第三步是模仿并录屏，可以多次录屏，不断观察自己模仿得是否到位。第一次录屏不用注重声音，重点看表情，很多人不敢看自己的录屏，我建议你一定要看，而且要多看。因为大多时候你认为自己在直播间已经相当卖力了，但镜头会削弱你的表现力，导致上镜以后感染力减半，所以一定要录屏，这样可以直观地观察你和对标人物之间的差距。第二次录屏主要是练习声音。把录屏的画面关掉，只听声音，两个声音放在一起做对比，看看你和对标人物声音中的感染力到底还差多少。

下面我分享一个快速提升感染力的方法：刻意练习加录屏复盘。

天才主播可遇不可求，而 80% 的人可以通过后期的练习成为表现相对不错的主播。

除了以上技巧，提升感染力的核心还是要回归到情绪中。我见过这样一位带货主播，他靠自己的能力在平台不投流的情况下，把直播间做到 8 万人在线。他既不是大网红也不是明星，之所以能有这样的成绩，他觉得是他的感染力拉动了直播间的流量。

他的情绪之所以富有感染力，原因有三个：

一是他对产品十分自信。产品是真的好，并且他也十分了解产品。

二是他非常明确自己就是在给直播间的粉丝发福利，所以才有这样的底气。

三是他十分热爱直播这种形式，所以他的感染力很强。

3.4　话术力：直播间关键话术要点突破

说服别人是主播的重要能力之一，而这需要主播掌握良好的话术技巧。

刚加入直播行业的主播往往会把重心放在产品介绍上，然而产品介绍得再专业、动人，也有可能被用户忽略。因此，主播需要掌握良好的话术技巧，倒推用户从进入直播间到最终购买的几个环节，围绕这些环节层层推进，逐步影响和干预用户的决策过程。用户对主播的信任不是一下子就产生的，它是在互动交流的过程中逐渐增加的。可能一开始用户认为主播不错，而且觉得主播推荐的产品很吸引人，后来发现价格也很有吸引力。最终，用户认为主播很靠谱且售后有保障，从而决定购买。

因此，掌握良好的话术技巧能够帮助主播打通销售环节，实现销售目标。而倒推用户行为，则可以从用户需求、行为习惯等多个方面出发，依次推进和影响用户的决策过程。

从进入—留存—互动—点击—购买整个流程，每个环节都有可能影响最后的成交。把直播间可能会影响用户情绪的点列出来，对应这些点写出一套适合自己的直播话术。这里，我给大家几个建议，供大家参考。

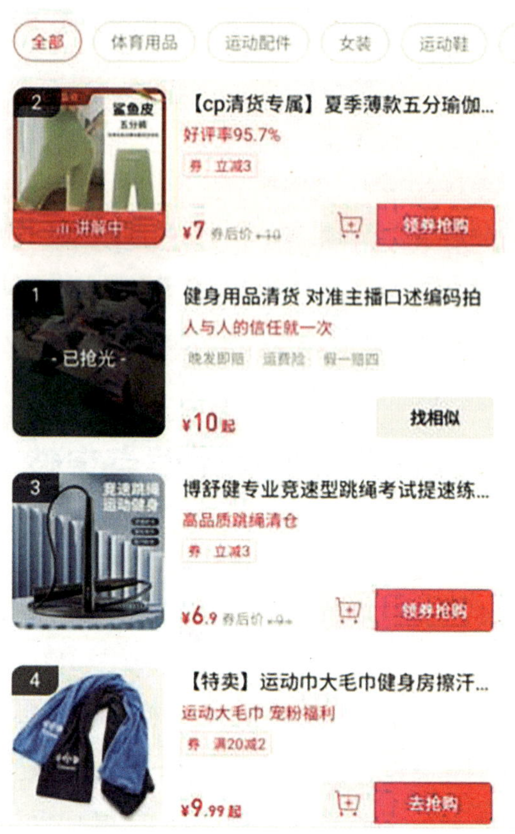

某直播平台小黄车的截图

3.4.1 留人话术

1. 福利留人

直播间最常用的留人方式是福利留人，这种方式是最简单也是最基础的，但是进行福利留人时，很多主播会走进一个误区，就是在福利留人的过程中做太多铺垫，比如“主播为什么要搞这样的活动”等一堆废话。事实上，用户这个时候只关心三个问题：什么福利、什么时候开始、自己能不能抢到，其他的话对用户而言都没有什么用。

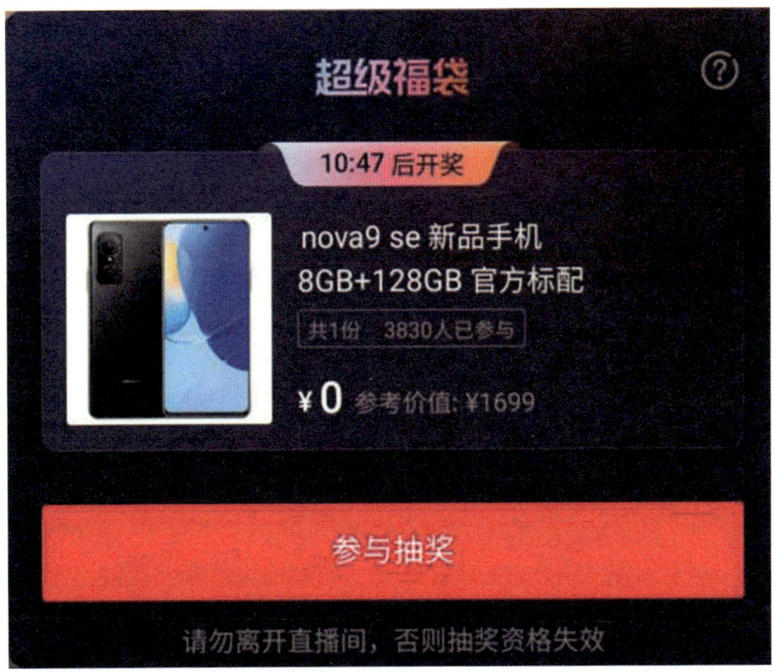

某直播平台福袋抽奖截图

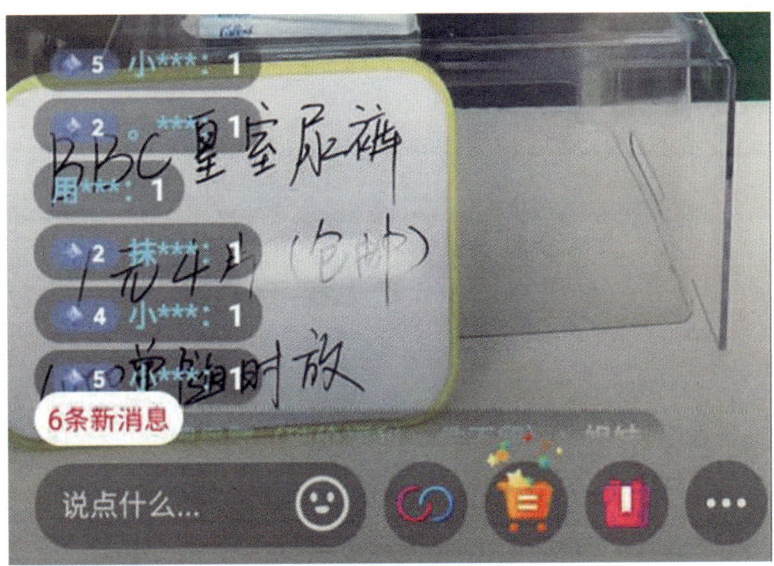

某直播间留人效果截图

2. 点对点留人

在直播间人数较少的情况下，主播往往需要通过留住一个接一个缓慢进入直播间的用户，像滚雪球一样把人气逐渐叠加起来。毕竟没有人愿意在一个只有几个人在线的直播间停留太久。在这种情况下，主播就不能像人气高的直播间那样一对多地进行销售了。在一对一销售时，你需要给用户一个确切的留人理由，而不是跟他聊一些无关紧要的话题。

简而言之，在直播间中，要通过不同的方式留住用户并吸引更多的流量，从而实现销售目标。无论是高人气的直播间，还是人数相对较少的直播间，都需要根据具体情况制定不同的销售策略。

某直播间留人话术截图

3.4.2 互动话术

互动率和转化率是相互关联的，想要提高用户的购买意愿，必须先促使用户参与互动。这里需要采用一些技巧，比如，在互动中不要开放式地提问题，不要问“你喜欢吃什么”，而应该问“你喜欢吃螺蛳粉还是米线”。这样能够更有针对性地引导用户参与互动。

我认为不管是互动还是关注，关键核心都是让用户觉得做这件事或买这款产品有好处。不过，由于一些平台有相关规定，主播不能直接说出其中的因果关系，否则可能会被认为是利益诱导，这一点是需要主播注意的。

3.4.3　关注话术

一些高客单的用户一般不会首次进入直播间就购买，所以主播需要让用户长期关注自己的直播间。这里列举了三个方法：

（1）非营销性关注。例如："×××，我看到你买了，来给主播点个关注，这样你有任何售后问题可以随时来找我。"这种亲切自然的方式更加容易获得用户的关注。

（2）告诉用户有什么好处。例如："左上方的关注不是给主播点的，而是让你自己收获一个随身家教。"

（3）发放粉丝专属福利。例如："没有点关注的宝贝，不要忘记点关注，不然很多人天天来我直播间，不是粉丝，你就兑换不了礼物，咱家三级以上的粉丝是可以免费获得我脖子上的小项链的。"

3.4.4　点击话术

这里的"点击"主要是指点击购物车、产品链接。毕竟，成交的前提是得先点开产品。如果发现产品点击率普遍比较低，说明主播的引导频次不够，需要加强引导。例如："新进入直播间想抢福利却不知道买啥的宝贝们，可以点开下方小黄车，1 号链接是老粉无限回购的，2 号链接是给新粉限量体验的，3 号链接是咱家本周的爆款。"

3.4.5　成交话术

如果你发现点击率有，转化率也有，但最终卡在了付款这个环节，有很多直播间的付款率竟然连 50% 都没有，这主要是因为用户对主播的信任度不够。

那么如何解决这个问题呢?

（1）回顾上文中讲到的各种话术技巧。

（2）补充成交话术。

（3）以替用户省钱、库存不足等理由激发用户的购买欲望。

以上只是给大家的一些参考，这里需要主播有非常强的引导意识，而且主播的留人话术也要达到十分熟练的程度。所以主播需要反复刻意去练习。

3.5 控场力：科学控场，掌控直播节奏

控场力体现了普通主播和高薪主播的差异。

什么叫控场？简单来说，就是让用户听得进去，有交流欲望。

普通主播看起来像是在自说自话，而高薪主播则像是在对着一个人或几个说话，这是因为他们的控场力不一样。想从普通主播进阶为高薪主播，可以学习以下三个方面的内容帮你增强控场力。

3.5.1 控场词要有力度

如果你的控场词还只是“来来来”，你就发现这种高频次的输出会让观众抓不住重点。所谓的控场词，就是通过几句简单的话，快速吸引用户的眼球，使其聚焦到你这里来，所以这类词一定不要过于高频。

给你个建议，在讲控场词的时候要配合这几个小技巧：肢体动作要尽量夸张；眼神要非常坚定；控场词要有力度，不要说得太轻飘。

3.5.2 态度要真诚

你作为主播，说的话要值得信赖，要有理由，要真诚。比如，搞福利的时候，为什么用户会认为你直播间的福利他能够抢得到，主播可以这样说：“××××昨天搞了一个这样的活动。因为他的账号是新号，直播间没有什么人气，所以他送出去 100 个雨伞，直播间就做到了有 100 人在线，我也不会直播，我就依葫芦画瓢，我也送出去 100 个雨伞，如果我的直播间能做到有 50 人在线，我就心满意足了。”

有时用户不参与福利，有可能是福利不够吸引人，也有可能是主播的真诚度不够。

3.5.3　掌握好直播节奏

新手主播往往会被直播间的用户打乱直播节奏，以致最后的转化率不高。比如，有的用户想看 3 号链接，有的用户想看 4 号链接……而主播逐个满足用户需求后，却发现转化率为零。这是什么原因呢？我认为是主播没有掌握好直播节奏。

当用户“点菜”时，主播可以使用这样的小技巧来引导顾客，例如：“让助理把 2 号、3 号、4 号和 5 号链接都拿到我的旁边，我会逐个介绍，现在大家可以先看我手中的 1 号链接……”主播一定要掌握直播节奏的主动权，千万别因用户的“点菜”而乱了阵脚，并想方设法把用户的注意力重新集中到你正在介绍的这款产品上。这种方式可以避免直播间的节奏混乱，以此提高转化率。

3.6　流量感知力：带货主播流量感知信号

直播本就瞬息万变。很多主播并不是不会调整自己，而是不清楚目前所处的阶段和情况，以及该如何做出相应的调整。所以，要想增加自己的流量感知力，主播就应该在对的时间做对的事，我认为主播可以关注两点：一是进人情况，二是在线情况。

- 进人代表推流，即平台对目前主播拉新客能力的认可
- 在线代表停留，即直播间的整体内容还比较吸引人

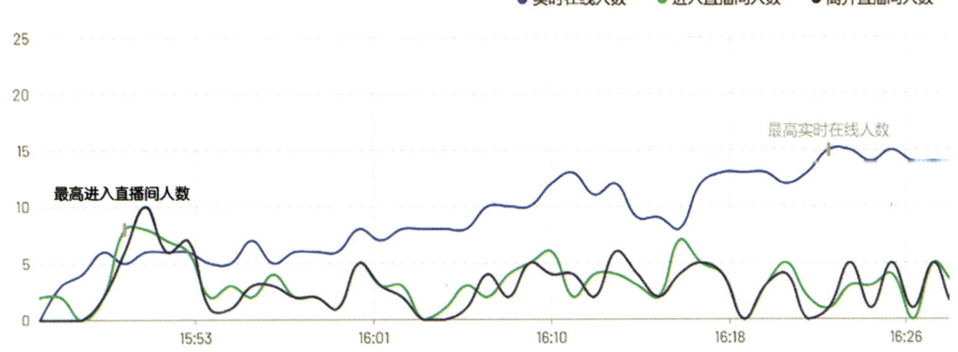

某直播间流量曲线图

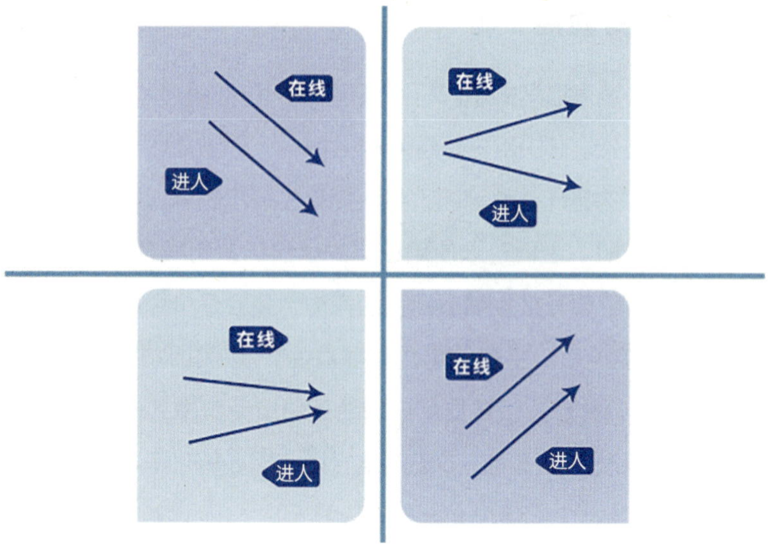

直播间四种需要实时调整的状态

这里又分为四种情况：

（1）进人速度快，在线率高。说明此时平台推流快，在这个过程中，主播重点要做的就是承接这波流量，以便更好地推下一波。承接流量的时候，有两个方法：一是深层次的承接，即用出单来承接；二是靠转粉来承接，也就是说，即使此时没有合适出单的产品，也一定要有准确的流量数据。

（2）进人速度慢，在线率高。说明此时直播间留人的效果不错，但是这种情况对新手主播并不友好，因为他们拉新客的能力相对较差，所以这个时候有些直播间会因为照顾老粉，不断地上新款，但这对新粉来说并没有太大的吸引力。所以，这个时候主播要切换到“爆款模式”，给新粉上福利。

（3）在线率低，进人速度快。说明此时直播间拉新客的效果还不错，但是留人效果并不是很好，说明主播缺少留人话术，我建议可以尝试一下换品。

（4）在线率低，进人速度慢。说明此时直播间推流效果不好，留人效果也不好，那就表示人货场整体都比较差，需要及时调整直播策略。

以上是直播间常见的四种情况，我希望通过上述分析能够让主播在直播间突然进人或者突然掉人的时候，及时给出相应的措施。当然，每个直播间的具体情况不一样，希望大家根据这四种情况，及时调整自己的直播策略。

3.7　直播电商平台的运营策略

上面我们介绍了直播电商平台中关于主播的底层逻辑，下面我们介绍一下直播电商平台的运营策略。

直播电商平台分为货架电商平台和内容电商平台两大类。货架电商平台的代表是淘宝、京东、拼多多等以商品搜索需求为主流量来源入口的纯电商平台；内容电商平台是以抖音、快手、微信视频号为代表的先有短视频和直播内容兴趣用户，后介入电商业务的综合型电商平台。

我们在本节探讨的是适用于抖音、快手和微信视频号这三大内容电商平台的直播电商底层逻辑，希望可以帮助大家了解直播间流量的底层逻辑。基于我们团队过去近 5 年的直播经验，我通过三个模型帮助大家来理解直播间的运营策略。

3.7.1　浴缸模型：直播间的多维流量

我们可以把直播间看作一个露天的浴缸，这个浴缸里的水就代表在直播间停留的流量，也就是真实的用户，但是这个直播间下面是空的。也就是说，如果用户没有被你吸引，就会流失掉，用户如果对这次的体验满意，就会付费给你。针对这种模型，运营的关键在于如何增加浴缸的进水量。

我们假设浴缸的进水方式有三种：

（1）自然降水，这个可以类比为直播间的自然流量。

雨水降临，给浴缸注水。因为浴缸是露天的，所以下雨就能漏到浴缸里，雨水的随机性是可以通过天气预报和水文信息掌握的。然而，你只知道大概的降水量，你所在位置的降水量是多少，你并不清楚，所以这种进水方式存在一定的不确定性。雨水是免费的，但是雨水有两大问题：一是雨水并不干净，用户的体验不好，很难为这次体验买单，这也是大多数拥有自然流量的直播间虽然在线率很高，但是转化率并不理想，客单价也不高的原因；二是雨水是酸性的，会腐蚀浴缸的缸体，这会导致浴缸的寿命下降，每隔 2～3 个月就必须更换一次浴缸，这是不是和拥有自然流量的直播间遇到的问题很像？

（2）从可调温度和流速的水龙头进水，这个可以类比为直播间的付费流量。

想洗个 45 度的热水澡，那就要慢慢放水，这种洗澡的体验肯定好，但是代价也大，要按照放到浴缸里的水量付费。这个很好理解，我们根据自己的体感精准地控制进水的速度和水温，即精准地调整付费投放的预算和消耗速度，以此使用户达到最佳的体验，从而提高转化率。

（3）用一旁水桶里的热水来给浴缸加水加温，这个可以类比为直播间的视频流量。

每一桶水就是每一条能够给直播间带来流量的短视频，我们的一场直播相当于一次洗澡体验，在洗澡的过程中，不断注入热水，就相当于不断地发短视频推流量。然而，前提是这个短视频是“热”的，是能够给直播间带来流量的。

浴缸模型示意图

事实上，大多数直播间都不会只有一种流量存在，基本上都是三种流量同时存在的。作为直播运营人员，你的工作重点在于维持直播间流量和热度的相对平衡，以此保证每一个用户在直播间的综合体验。

3.7.2　F1 赛车模型：直播间的排序机制

有人说，直播间流量的分配方式就像一场赛马比赛，表现好的直播间，因为排名靠前，所以它们下一场就能拿到平台基于上场比赛排名给予的奖励流量。这个逻辑大体方向是对的，但我认为，直播间流量的分配方式更像是 F1 赛车比赛。我们看到在 F1 赛车比赛中，每一辆赛车出发的位置并不是在同一个起跑线上，而是错位出发的，每一辆赛车出发的位置都是由上一场比赛及全年综合比赛排名的结果决定的。

这就好比每个直播间开播时，前 15～30 分钟平台会给直播间分配流量，你出发的位置不好相当于给你分配的流量不多，但这并不意味着你会输了这场比赛，你可以通过高超的驾驶技术，在本场比赛中赶超对手，脱颖而出，逐渐提升各场比赛的名次，最终拿到好名次。

这就告诉我们，直播间的流量分配虽然是基于排名的，但这个排名并非一成不变。更重要的是，单场的排名或者直播转化效果不好，并不代表直播间被限流或者再也做不起来了，而是你需要通过一场甚至多场的优异表现逐步提高自己的排名，以此来获取更多的开播推送的奖励性流量。

各大内容平台的直播间排序机制原理大同小异，都是基于一段时间的直播间综合表现数据，包括直播间的用户停留率、用户互动率、用户转化率等重点指标来确定排名的，不存在绝对化的数据。

3.7.3　传单投放模型：付费投放的定向和素材

不管是抖音的千川投放，还是快手的磁力金牛，抑或是微信视频号的 ADQ 投放，大体的逻辑都是基于优质的广告短视频素材的付费投放。平台将看了这些广告的用户筛选带入直播间，再由主播完成下单的工作。

我们以某个实体店发传单揽客的逻辑为例来讲解一下付费投放，我们可以做以下几个类比：

- 制作什么样的传单——直播间投放广告的视频素材
- 把传单发给什么人——直播间的人群定位
- 你的店能够接待多少顾客同时到店——直播间的承载力或者主播的转化能力

如果这次发传单的到店转化效果好，那么你就应该增加发传单的力度，但是在同一个地点和人群中发的传单太多，会让用户产生厌烦心理，同时还有可能被城市管理人员勒令降低发放频率，所以过度投放不可取。

如果这次发传单的到店转化效果差，那么你就应该调整传单样式或者变更发传单的地点和人群，也就是改变直播间的人群定位，并且调整投放的内容和形式。

你要明白发传单的目的是投放素材。即使你花了很多钱找人发传单，如果你的传单设计得不好，那么你依然得不到好的结果。同样地，如果你的传单设计得好，但是发传单的人群和地点选择得不正确，结果也不会好到哪里去。比如，你把一个24 小时营业的时尚火锅餐厅的广告，发给了一群晨练或者跳广场舞的叔叔阿姨们。

第 4 章

数字人直播带货（选品篇）：火眼金睛甄选直播爆款

直播间的成功与否，取决于是否有优秀的主播和合适的产品，主播和产品二者缺一不可。

在经历了市场洗牌之后，如今的电商直播带货行业已经越来越成熟。不过，目前直播带货行业仍然存在明显的两极分化现象。对于大多数从业者来说，如果没有拥有超级主播那样的影响力，就只能关注于寻找好的货源了。这也是为什么数字人直播间对绝大多数从业者来说非常友好，毕竟超级主播只是少数，使用数字人主播既能提升直播的效果，又能让直播间运营者有更多精力注重于产品的质量。

如果能够拥有稳定带货能力的主播，搭配上优质的产品，就能形成二次转发和下单的自然流程。其中，拥有优质的产品能明显提升直播间的竞争优势。

接下来本章将围绕直播间产品三要素“选品”“排品”“组品”来做具体技巧的讲解，讲解如何提升直播间产品竞争力以更好地适配数字人直播，从而提升整个直播间的转化率。

4.1 选品公式

4.1.1 符合观众需求

在数字人直播选品方面，要想办法了解观众的需求和喜好，以更好地满足他们的需求。这样可以为观众提供更好的产品和服务，提高直播间的用户体验，增强直播间的用户黏性。

1. 分析观众数据

在直播时可以使用一些数据参考平台，如考古家、蝉妈妈等，以更全面具体地了解观众的关注度、点击量、转化率等关键数据，更详细、准确地分析产品转化情况，帮助直播间运营者了解用户需求和喜好，进行精准化的产品推荐。

商品	价格	佣金率	商品销量	商品销售额
	¥258.00	1%	3.9w	676.0w
超6斤美味 30包任你选	¥199.00	1%	2.4w	352.9w
	¥268.00	1%	1.8w	297.9w
	¥269.00	0%	1.1w	184.3w
	¥136.00	1%	6947	94.5w

某品牌直播间产品数据截图

2. 监控观众反馈

观众在直播间内提出的问题和建议是重要的反馈信息，我们可以通过这些信息了解他们对产品的看法，及时发现直播产品的问题和不足，并作出适当的改进和调整。

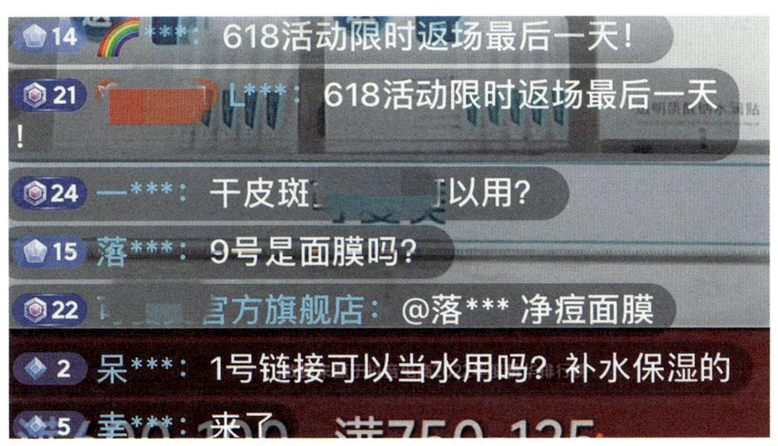

某直播间用户互动弹幕截图

3. 与观众沟通交流

与观众沟通交流是了解观众需求和喜好的重要方法。比如，在直播间中可以开设观众问答环节和提供私信互动等联系反馈途径，鼓励观众留下自己的评价和意见。通过与观众沟通交流，倾听其需求和期望，及时调整选品方向和策略。

综上所述，了解观众的需求和喜好是直播选品过程中非常重要的一环。运营可以通过数据分析、监控反馈、沟通交流等方式，全面了解观众的需求和喜好，从而更精准地选择更优质的产品，提高观众体验，提升直播间的用户黏性和转换率。

4.1.2 “超值感 × 高知名度 × 强需求”组合拳

第一是超值感。观众的价值感体验没到位的时候，产品的价格是不能报出来的。因为产品的性价比还没有塑造起来时，单说价格，不能体现产品的好。所以在选品逻辑上，先要强调卖点，要先把这个产品的“好”提高到一个极高的水平，然后再通过梯度降价、比价，以及买送等“打击”，把价格拉下来，这之间的落差和差值就是超值感。所以当我们拿到产品的时候，要先想想怎么把产品的超值感表现和强调出来。

第二是高知名度。有些直播间在卖货的时候，尤其是在起新号阶段的直播间，会选择挂一个精选联盟里和自己直播间产品比较搭的且销量又很高的产品，目的是显示这类产品销量很好、知名度很高。我们直播间上的产品不一定必须是大品牌，也可以是在这个领域里面大家都认可的东西。但如果产品是一个小品牌，那也没有关系，可以用以下的话术来提升知名度：宝贝你可能没有听过我们，但是在 ××，所有只要 ××× 的人，一定知道我们家。

第三是强需求。这里的强需求体现在哪？其实也体现在话术重点。当新手主播面对一个产品时，他们会按照话术体系来死记硬背、缺乏变通，只会说“下方购物链接已经给大家上好了，有需要的宝宝可以去购买了”，其实这句话是很有问题的。“有需要的宝宝去买”，这样的话术没有关联到具体的观众群体。在促单的时候要强调“需要”的概念。主播可以这样说：“宝贝，这款你不能犹豫，你必须要买，你需要一瓶留香时间长达 10 小时的香水，你需要一瓶喷上以后所有人都夸赞的香水，你需要一瓶用多久都不过时的香水。”想要把观众的需求激发出来，就一定要说明和强调产品的强需要。不是说这个东西可有可无、等需要了再买，而是要告诉观众：你就是需要它。

4.1.3　符合当下趋势

产品的热度会随着季节和潮流趋势等的变化而变化。比如卖日用百货的，在夏季就不能用冬天的爆款来直播。我们可以通过数据平台抓取当下的产品排行榜，根据售卖情况来选择直播产品。

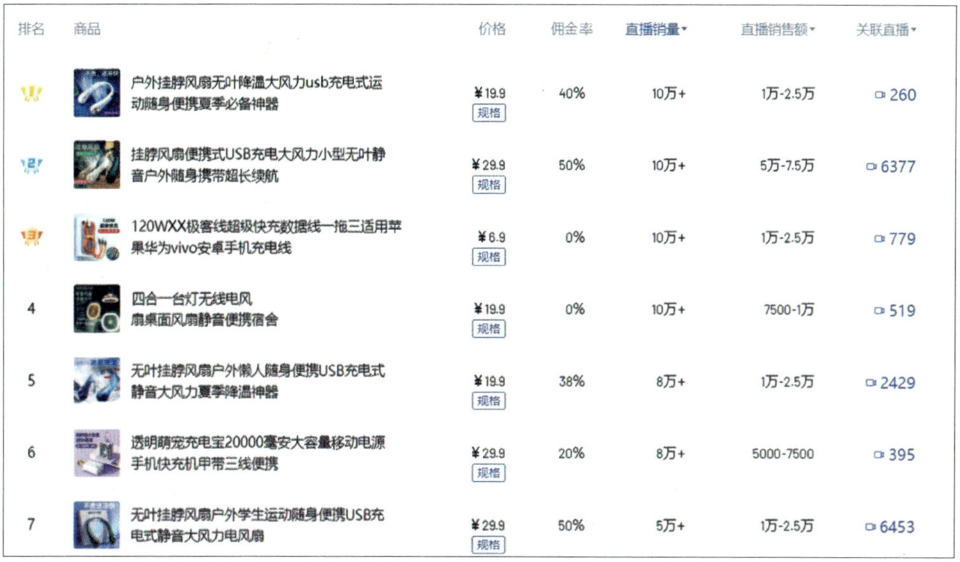

排名	商品	价格	佣金率	直播销量	直播销售额	关联直播
1	户外挂脖风扇无叶降温大风力usb充电式运动随身便携夏季必备神器	¥19.9 规格	40%	10万+	1万-2.5万	260
2	挂脖风扇便携式USB充电大风力小型无叶静音户外随身携带超长续航	¥29.9 规格	50%	10万+	5万-7.5万	6377
3	120WXX极客线超级快充数据线一拖三适用苹果华为vivo安卓手机充电线	¥6.9 规格	0%	10万+	1万-2.5万	779
4	四合一台灯无线电风扇桌面风扇静音便携宿舍	¥19.9 规格	0%	10万+	7500-1万	519
5	无叶挂脖风扇户外懒人随身便携USB充电式静音大风力夏季降温神器	¥19.9 规格	38%	8万+	1万-2.5万	2429
6	透明萌宠充电宝20000毫安大容量移动电源手机快充机甲带三线便携	¥29.9 规格	20%	8万+	5000-7500	395
7	无叶挂脖风扇户外学生运动随身便携USB充电式静音大风力电风扇	¥29.9 规格	50%	5万+	1万-2.5万	6453

在某数据平台抓取的季节性爆款产品排行截图

实际上，如果不能及时跟进最新的市场趋势和消费者需求，那么直播间的选品就可能无法吸引观众的注意，也难以实现销售收益。以下是选品要符合当下趋势的几个重要原因。

1. 节省成本

通过抓取当下产品排行榜的数据或查询卖家提交的当季销售量数据，可以及时了解当下的市场需求和热门趋势，选择相应的热门产品进行直播促销。采用这种方式可以节省一定的选品成本，避免选到过时产品或热度低的季节性产品，减轻库存压力，保证货物卖出。

2. 提高销售转化率

当下的消费者越来越追求时尚潮流，他们更愿意购买最新、最热门的产品。在选品时，要根据当下的趋势选取最热门的产品，这样可以有效地提高销售转化率。

3. 增加用户黏性

直播间选品符合当下趋势的同时会增加观众对直播间的认可度，加深观众对数字人及直播间品牌的好感度和忠诚度。如果能不断地推出新品并保持对潮流的敏锐性，观众则会更乐于支持直播间，并在将来有更高可能重复购买。

综上所述，选品要符合当下趋势。通过掌握市场趋势和消费者需求，了解当前热门产品的排名和趋势等信息，就可以根据抓取的数据来选择最合适的直播产品，以优化直播效果和库存管理。同时，能够满足观众的购物需求，提高用户购物体验，进一步巩固用户关系，增加观众黏性和直播收益。

对以上选品公式大家可以根据自己所售卖的品类来进行筛选。

4.2 选品技巧

现在的数字人直播只是在传统直播基础上放大了直播效果，但使用数字人并不能直接降低起号的难度，这一点是我们一直在强调的。在整个互联网营销的“人—货—场”三角关系中，人和场的效能只是锦上添花，货才是核心。想要发挥数字人直播的提效能力，依然要遵循“选品定生死”的原则。对于数字人直播而言，想要实现相当优秀且稳定的点击和转化，也必须基于拥有爆品的前提。因此，如何找到适合数字人直播间的爆品是关键。

本节从数字人直播背后驱动的运营角度来分析具体的选品技巧，帮助后续直播流程更加平稳、顺畅。以下是具体的选品技巧。

4.2.1 观看同行直播间

通过观看同行直播间，可以借鉴同行的成功经验，快速提高自己直播的质量和效果。在同行直播活动和与观众的互动中，可以了解观众的偏好和需求，从而思考自己在直播间中要推广和销售的选品方向，选择符合自身优势的产品来进行直播。

1. 分析同行直播间的观众群体

首先要明确，同行直播间的观众群体和自己直播间的观众群体可能并不完全一致。必须要先了解自己的观众群体有哪些特点和需求，再通过观察同行直播间的观众行为和兴趣点，思考差异性，找出借鉴点，以确定自己直播间的产品和具体活动形式。

2. 参考同行直播间的商品

同行直播间的热门产品、热门品牌、热门风格、新潮玩法、爆款套餐等都是我们可以参考和借鉴的方面。直接或间接参考这些同行爆款商品，明确自己的产品方向，最终确定自己要卖的产品的类别与目标。

商品	成交价	讲解次数	直播销量	直播销售额
弹力复原淡纹次抛精华液	¥389.00	1	700+	25万-50万
保湿焕白精华液美白淡斑	¥299.00	0	39	1万-2.5万
玻尿酸安瓶次抛保湿肌底液一盒30支	¥199.00	0	43	7500-1万
玻尿酸微雕淡纹抗皱 紧致 补水	¥299.00	0	7	1000-2500
氨基酸净透洁面霜100g不紧绷清洁温...	¥39.90	0	28	1000-2500
玻尿酸橙澈净透深层补水保湿爽肤水	¥59.90	0	19	750-1000

某同行直播间美妆护肤品牌产品销售情况

3. 提高直播间的专业度和吸引力

通过刷同行直播间可以了解同行直播间的品牌、产品，以及相应的营销策略等，在其中找到自己可以学习与借鉴的亮点和长处，加强自己直播间的专业度，精细化同产品匹配的直播间设计布置，提升产品呈现效果，优化营销策略，提升直播间选品的综合吸引力。

4. 加强直播间互动

鼓励观众互动，是直播间运营的重要方式之一。这种互动不仅可以提高直播间人气，而且可以直接增进观众对在播产品的了解，直播间运营者也可以从同行直播间的观众互动中思考选品方向和总结观众需求，并结合自身特点，在直播中对观众需求和关注点进行深入的挖掘。

4.2.2 产品测试

对候选产品进行测试和试用，充分了解产品质量、性价比、使用体验等，以便更好地做出选品决策。

在选品前期可以通过调查顾客的购买意向、意见和需求，了解到他们对特定产品的看法，对产品和品牌进行限定或排除，以及为消费者提供种类更丰富、质量更优良、价格更优惠的产品。

运营分析直播间分钟级流程的时候，要整理出一份记录表。表格项目要包括实时在线人数和对应产品，以便直观地看出来哪款产品相对更受欢迎。表格内还要专门记录主播在当时做了什么（直播间动作）。直播的转化效果可能与产品有关，也可能与直播间动作及主播话术有关，这就可以在分钟级记录表上进行重点标注。

主播要想知道自己的直播中什么内容留人，就需要运营进行几次全程跟播，对直播过程做分钟级记录，从具体数据中获得明显感知。

产品	时间	实时人数	单数	小店GMV	进场人数	离场人数	直播间动作	备注
四叶花猫猫耳钉	13:35	116	3502	15659	761	743	名额有限	
蝴蝶结耳线	13:39	120	3559	15851	901	925	不掉耳线，防过敏，高级冷艳	
	13:41						任意两单送收纳盒	
耳钉	13:42	86	3568	15926	901	925	搭西服，搭t恤，高级好看	
蝴蝶结长款流苏	13:45	81					上过时尚杂志	
	13:46		3582	15997	711	732		
繁华似锦	13:47	81			711	732	扣“1”上库存，错过没有，防过敏	
	13:48	103	3591	16062				
蝴蝶结长款流苏	13:51	101	3612	16160	648	637	收到不好，拉黑我、取关我	返场
韩系花朵	13:53	85	3649	16235	650	684	满钻，树脂花朵	新人见面礼
香链小鹿	13:55	102	3661	16297	730	762	持久保色防水，3D镂空	
	13:57	110	3674	16358	1047	1026	猫眼四叶耳钉	
四叶花猫猫耳钉	14:00	125	3687	16382	1076	1068	展示细节	返场
猫猫石防丢耳线	14:02	108	3718	16472	1413	1429	猫眼纹理展示	
小雪花	14:03	100	3730	16572	1413	1429	时尚气质戴它就好啦	

导致人数及gmv上升的因素：
憋单（想要的发1，有多少想 需求上多少件，不像别的直播间不给上或者上的少，根本抢不到）
话术（不亚于某猫某京的质量，叶子都是猫眼的，这价格这做工你去哪找）
突出质量保证（不掉耳线，防敏，持久保色，沾水都不怕）
做工精致（每片叶子都是猫眼纹理）
场景代入（你戴着它去相亲，成功率百分之一百零一）

某直播间分钟级跟播记录表截图

4.2.3　产品搭配

产品搭配是一种巧妙的促销手段，将不同的产品进行搭配，可以组合出更符合观众需求的产品组合，能够在直播中促成销售，提高直播转化率和收益。

1. 满足观众的需求

通过对不同的产品进行搭配，可以帮助观众更容易地找到他们需要的产品，一次性购齐所需产品，方便快捷，使观众减轻选购负担和节省时间成本。

2. 提高购买率

做好产品搭配能够增加观众感受到的直播间产品流量，垂直或横向的搭配富有流量增加值，优化观众在观看和购买时的购物体验。此外，数字人主播可以通过产品搭配及个性化推荐等方式，吸引观众购买更多相关产品，进一步提高直播间的转化率和收益。

3. 增强观众忠诚度

对于喜欢某种产品的顾客，数字人可以在直播中提供相应的产品搭配，进一步满足其需求和增加消费；同时，如果数字人能够根据顾客的消费习惯和特点，提供更精准的产品搭配和推荐，观众对直播间的忠诚度会进一步增强，提高观众的重复购买率。

综上所述，产品搭配是一种非常重要的促销手段，可以使直播间选品更好地满足观众需求，提高购买率，增加忠诚度，提高直播间转化率和收益。如果数字人能够针对不同观众的需求，智能推荐合适的搭配产品和组合套餐，同时保持选品品质，积攒良好的口碑和信誉，就可以赢得更多观众的关注和认可，增强直播间的竞争优势。

4.2.4　关注爆款

关注市场爆款和热门产品是直播间中非常重要的营销策略之一，直播间需要及时引入和推荐热门产品，以提升直播间的关注度和用户黏性。

排名	商品	价格	佣金率	直播销量	直播销售额
1	防晒衣女2023新款夏季冰丝外套女防晒罩衫骑车防紫外线防晒服长袖	¥29.9 规格	40%	1000+	2.5万~5万
2	防晒衣男钓鱼服冰丝透气超薄2023新款男薄款外套防紫外线夏季户外	¥36.5 规格	28.00%	800+	2.5万~5万
3	【榜单爆款】冰丝无痕裸感抑菌裆大码短款男士内裤	¥49 规格	20%	1000+	5万~7.5万
4	【粉丝福利】一次性压缩洗脸巾糖果装旅行擦脸亲肤吸水不掉毛加厚	¥9.9 规格	50%	300+	5000~7500
5	2023新款三代防晒衣户外斗篷连帽冰丝凉感空调衫薄外套皮肤衣	¥39.9 规格	22%	4000+	10万~25万
6	运动透气减震跳绳跳操时尚男女同款跑步耐磨慢跑鞋	¥269 规格	1%	1000+	25万~50万

某数据平台抓取的服饰类爆款商品的排名截图

1. 吸引更多观众

通过市场爆款和热门产品，可以吸引更多观众，让他们有意愿和兴趣进入直播间，了解相关产品信息和查看购买渠道。这样能在直播时快速吸引足够的基础观众，为数字人主播精准定位用户和搭配推荐打下坚实的基础。

2. 提高直播间的关注度

直播间想要吸引更多的关注，不仅需要直播间内丰富的互动环节和优质的直播内容，也需要产品本身的亮点和热度。选择爆款产品可以增加直播间的关注度，并吸引更多新观众转化成忠实粉丝。

3. 增强观众忠诚度

关注市场爆款和热门产品并推荐给观众，可以满足观众的购物需求，增强观众对数字人直播和品牌方面的认可度与忠诚度，有助于构建观众和直播间之间持久稳定的双赢。

总之，关注市场爆款和热门产品是直播间非常必要的选品策略之一。如果数字人主播能够及时关注市场热点和消费者需求，精准推荐优质热门商品，并充分分析观众的需求和反馈，就有可能进一步增强观众的购物意愿，并增加观众的用户黏性和忠诚度，实现最终的销售收益。

4.3　爆款测试方向

数字人直播间与传统直播相比少了一些玩法和套路，主要将直播焦点回归直播内容本身。由于数字人的声形特性以及直播间的产品、流程和话术等多方面因素，数字人直播间的直播内容会更加具体明确，这就需要内容优化和数据支持。优质的内容无法仅仅依靠主观判断，最终还是需要依靠数据。

直播内容的关键在于产品是否为爆品，而确定爆品的过程同样需要经过一系列的数据分析、测试、复盘等流程，由此筛选出具有吸引力和爆发力的产品，确保直播内容的高质量。这种数据驱动的方法为直播间的内容创造了更加客观和可信的基础，助力数字人直播呈现出更好的效果。

4.3.1　寻找爆款：数据平台抓取行业爆款数据

当你初步选定了直播的产品后，就有必要进行测款，你需要测试所选的产品是否受大家的欢迎。测款可以在短视频和直播间双向进行，下面给大家分享测款的方法。

在做直播账号的时候，并不是一开始就能够把直播间和短视频间的通道打通的，而是需要测试。

第一，找爆款，可以直接从自己现有的渠道挑选，也可以在其他渠道找卖得不错的产品，把数据直接迁移过来。如果这样没有找到什么合适的产品，你就需要在精选联盟榜单上去找了，找产品的时候一定要注意考量产品店铺的评分，不能因为找的那家店铺的评分低，就把我们的店铺分也拉下来了。还要注意在用数据平台抓取产品售卖情况信息的时候，考虑产品销售情况的周期性特点。比如想要在产品排行榜中选择产品类目，我们最好在抓取排行榜数据时设置一个时间周期，如 7 天、30 天等。把时间线拉长，而不是只看某个节点，这样的产品信息才对选品有参考价值。在选择完产品类目与时间周期后，就生成了产品排行信息。商品销量的增长是有曲线趋势的。建议大家选择相对上升中的产品，因为销量平稳意味着产品的推广量大，即推该产品的达人已经很多了，这个产品已经不是蓝海产品了，而相对上升中的产品，其相关活动还有很大的上升空间。所以优先还是要选择在上升中的产品。

商品分类 不限 服饰内衣 鞋靴箱包 运动户外 钟表配饰 珠宝文玩 美妆 个护家清 食品饮料 生鲜 鲜花园艺 母婴 宠物 玩具乐器 图书音像 礼品文创 3C数码家电 智能家居 二手商品 本地生活 奢侈品 汽车整车

时间 日榜 周榜 月榜 周榜 05/22-05/28 05/29-06/04 06/05-06/11 06/12-06/18

排名	商品	价格	佣金率	直播销量	直播销售额
1	防晒衣女2023新款夏季冰丝外套女防晒罩衫骑车防紫外线防晒服长袖	¥29.9 规格	40%	1000+	2.5万~5万
2	防晒衣男钓鱼服冰丝透气超薄2023新款男薄款外套防紫外线夏季户外	¥36.5 规格	28.00%	800+	2.5万~5万
3	【榜单爆款】冰丝无痕裸感抑菌裆大码短款男士款内裤	¥49 规格	20%	1000+	5万~7.5万

某数据平台商品类目周排行榜截图

第二，分析产品的核心数据：点击率和转化率。点击率达到 10 % 以上其实是较好的情况。但这和产品的客单价有关，如果产品是中高客单价，如 100～200 元，那么点击率稍微低一点也没关系。但如果有几个产品客单价都是在百元以内的，那肯定优先选择其中点击率较高（10 % 以上）的产品，这样的会更稳妥一些。

某数据平台抓取的商品销量数据截图

4.3.2　款式测试：直播间 + 短视频双向测款

确定产品以后，接下来就要拍摄短视频。首先要知道该产品类目或所属的行业适合类型的视频，这里非常推荐大家参考学习一些跨行业爆品的视频模板。因为单一产品的利润增长力度是有限的，所以会花时间精力在营销视频上并且不断更新的这类模板是很厉害的。

最近又看到这类视频模板应用在零食、生鲜类产品领域。其实很多行业都可以应用，因为这类视频模板不只是展示产品的量，而且是凸显产品的性价比：有一手货源、比较便宜、产品优质，接下来再展示产品的详细信息。所以很多产品都是可以这么应用的，大家不要困在自己的领域里面，放眼借鉴一下其他行业，也是挺好的。

4.3.3　确定爆款：根据数据反馈确定爆款产品

尝试写两三个视频脚本后，就去拍摄一下目前所选的几款产品。一定要用同一个脚本拍不同的产品或用不同的脚本拍同一个产品，通过比较来找到更优方案。然后结合你的账号特点和节奏进行发布。也许你的账号现在还没有什么热度，一天只发一个视频，那就不要学别人的视频引流打爆直播间、一天三四十条的发布节奏，否则肯定不能收获你想要的效果，甚至会把账号发“废”了。要按照你的账号发布节奏来，可能一天发两条，两天发四五条，如此循序渐进。并且及时追踪和分析视频的播放数据，如互动数据、完播率等，以此决定哪些是可以去主推的爆品。

还可以直接通过“火上浇油”的方式，采用 DOU+ 批量投放进行推广，也比较高效省钱，之后等投放视频的播放量上涨就行了。投放 DOU+ 的时候，目标可以是多向的，比如涨粉、点赞或评论，但最终要看投完了以后的最终效果和具体流向。先确定做主推的爆品，这个品，就是接下来要在视频重点、大量地推的，而不是说拍完就完事了，后续肯定是要继续高产的，可能换不同的角度、不同的装扮、不同的模板，在直播间里面做主推。

DOU+ 批量投放页面截图

在直播间里面也可以进行测款。对于在直播间里面测款，大家千万不要有这样的误区：在直播间，只有对老款产品才需要有危机意识。爆品存在周期性特点，在重大的节日会有一些流量上的调整，年前火的产品和年后火的产品，肯定不是同一波产品，而年后掉量是非常快的。所以我们要记住爆品一定是有周期的。假如你的某款主打产品忽然有一天不是爆品了，在直播的时候也要随时能有产品衔接上，这就要求我们时刻做好测品的准备。

4.4 数字人直播排品

数字人直播的最大特点就是稳定性。直播越稳定，回报才能越大。

保证直播间画面的稳定从技术上不难做到，但内容的稳定要依靠稳定的爆品与直播流程，如果在直播前对流程和内容缺乏明确计划，任由主播随意讲解产品，势必会导致直播间流量和转化率的波动。因此，直播前的一项重要准备就是要确定一套标准的、转化率高的直播计划，包括具体的产品排品和话术内容等细节，形成自己直播间的特色和经验，才能复制成功案例、推进稳定发展。

在直播产品不变的情况下，通过不同的过款流程，也就是排品流程，直播的效果和收益天差地别。

首先给大家讲一个两年前由我们团队发明和提出的过款（排品）模型，叫 AFX。这个模型可能大家也在网上见过，也被称为万能模型，那怎么来理解这个万能模型呢？在 AFX 里，A 款是指相对性价比较高的产品，也就是大家常说的“宠粉款”，又叫“流量款”，A 款其实是为了保证成交密度的。F 款则是引入的新产品，是为了“留人做停留”，所以 F 款也被称为“憋单款”。

那么 A 款和 F 款是不是都是低客单价的商品？这不一定，可以理解为它们的目的不一样。比如说 F 款，它虽然可能跟 A 款一样都是低客单价的，但 F 款可能是限量的，用话术来说就是让观众保持抢购的心态，等着开价、等着买，所以 F 款能够起到促进观众停留的作用。而 A 款往往是不限量的，是为了把成交密度做起来，也就是说让新粉尽快达成交易。模型的最后一部分是 X，其实就是每个直播间里能够贡献利润的产品，一般是中高客单价产品。AFX，之所以被称为万能模型，是因为它在以自然流量为主要结构的直播里，涉及了平台对自然流量考核的多种维度，有成交，有停留，并且这里更重要的是新粉的成交和停留都可以实现。同时之所以一定要接中高客单价的 X 款，是因为现在做低客单价的成交密度对于直播间流量的贡献越来越小，所以一定要制造出一个利润爆款，也就是 X 款。

很多人在刚开始做直播的时候，常常是手中有什么货就上什么货，尤其是一些实体店店主，会把店里的很多产品全放在直播间里面，数量和类目繁多的产品使主播需要快速过款。数字人直播不需要快速过款，因为直播间里的观众平均停留时间非常短，有时可能不到一分钟，想要有良好的转化率，直播间就一定要形成自己有效的排品流程。

在数字人直播达到一定量的时候，比如有几十个人在线时，其实很多类目的产品就已经可以稳定获利了。我们在刚刚开始做数字人直播的时候，首要的目标就是要让直播间开始有自然推流，也就是说要通过一定量的成交和新粉停留，让平台开始给直播间引流。这一阶段一定不要选取过多产品，而要围绕两到三款产品来回循环，打磨话术。大家要注意留人的套路，留人的方法不只是话术，还有福袋、盲盒抽奖、优惠券等优惠活动。

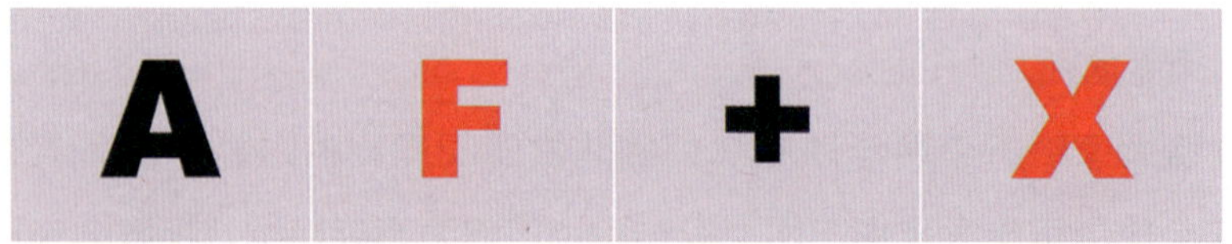

单一产品 精准打爆快速循环

A款成交 F款留人 X款贡献利润

AFX 模型

4.5 高转化产品 SKU 重组

数字人直播间在顺利运作流程、降低成本之后，接下来就要提高效益、追求利润。这里存在一个误区：对直播行业的传统思维往往让我们认为直播间只能卖廉价货品，高客单价的产品很难成交。

确实很多观众都可能是奔着低价福利而来的，但同时他们也会因为某些产品真正满足了自己的需求而愿意支付高价来购买。而直播间是否能够销售高客单价产品完全取决于我们是否能够进行合理的产品搭配组合，充分打造产品的价值感，从而让观众感受到超值感和满足感。以下是一些产品搭配组合策略建议。

第一是要知道你的产品与其他平台或者和其他直播间产品的差别，如果你卖的产品是大通品而不是小众品，也就是不只你这里在卖，那就要给产品做差异化。可以从什么方面进行差异化呢？赠品差异、货品组合差异，以及玩法差异。比如别人家都是直接拍一发二，那么你的产品重组上，就可以是第二件只需 1 元，有时这种 1 元加购带来的满足感可能会比免费得到的还要多。如果你目前有一些成套的产品，就看看能不能把套品拆成两个链接，其中一个链接可以是便宜一些的，第二款链接就是再加上一两块钱，但是要拍了第一个链接才可以拍第二个链接，第二个链接是单拍不发货的。

第二是在组合中加入“单品王”。单品王不一定单单是在你自己直播间卖得好的产品，也可以是在全平台都卖得比较好的产品。用第三方数据平台抓取这种日常卖得好的产品，再与其他的关联产品组成套组。比如护肤品，大家用护肤水之前先要用洁面，用完护肤水以后还要护肤乳，卖的时候按照使用习惯搭配关联产品，配上一些高复购的产品（比如面膜、眼膜），然后再加上你家卖得比较好的或者是一些压箱底的产品，还可以加上赠品活动，这样就组成了直播间的利润套装。

第三是推荐大家多看一些较大的护肤品牌的组品策略，去学文案话术、学营销节奏。大家看这些品牌，现在卖得最好的肯定都是套装，其中必有的东西就是滞销小样。其实这些品牌在产品搭配组合上完全是按照上述所讲的逻辑进行的。在一些明星达人直播间带货这些大牌护肤品时，所有产品全部都是列在商品列表中，下单后到手几十件，而这几十件产品的搭配组合也一定是符合组品逻辑的，从而给观众呈现套组的高价值感。

第四是对应不同的组品方式，在话术上也要进行相应的匹配，比如可以对套组产品进行话术比价。以下面一段主播带货护肤品套装时的话术为例：“来，今天我们这组水乳霜套装，再加上面膜、眼膜和洗面奶，一共 19 件，到手只要 368 元，平均一件不到 20 元。单看这款洗面奶的平时门店售价就是 99 元的，我们今天这么多件到手才 300 多元，平均一件不到 20 元！不到 20 元的价格，能买到我们这么好的护肤水吗？能买到这款眼霜吗？能买到一组面膜吗？”这样的话术就能激起观众极大的购买欲。当然在套组比价的时候，肯定不会把小样也计算进来，所以在组品上要搭配组合一些在价格上有优势且在数量上能给套组加分的产品。这样观众能感受到套组产品的丰富性和价值感，从而增加购买意愿。

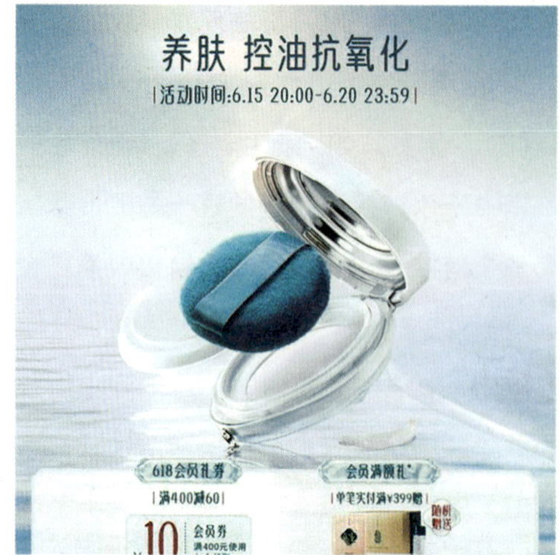

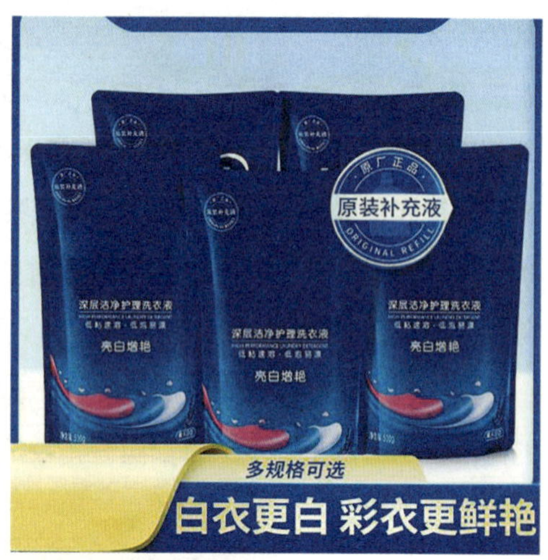

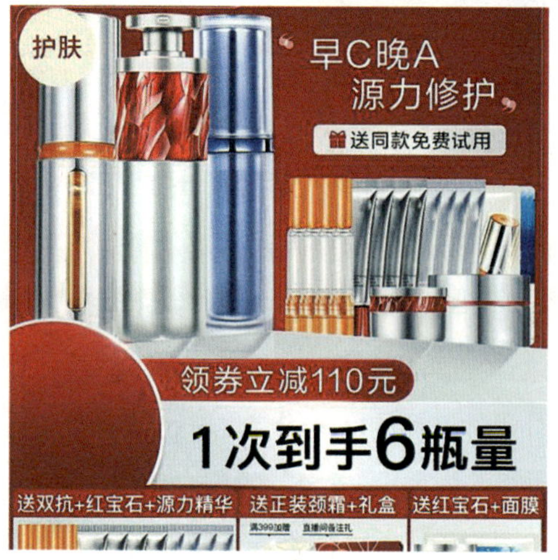

组品方式示例

整合一下常见的组品方式，如系列重组、单品重组、买大送小、买单送单，等等。其实不仅是产品自成使用套系的护肤品，哪怕是卖衣服，现在大家也都喜欢买加好配饰的套装，这样的组品方式能让观众增加下单意愿。

（品牌）全军出鸡大礼包2012g 复制 最近数据更新 2021.01.27 04:00

家居宠物

价格 ¥ 99.80 ¥189.00

佣金 0.00%约¥ 0.00

最低价 ¥ 99.8

某减脂代餐直播间链接及数据分析截图

除了产品组合，还有一点是我们要在产品上发力的，那就是内容赋能，这也是完全符合电商逻辑的。大家看淘宝上的产品详情页，商家会把产品的各种关键词全部都列上去。那么在直播的内容介绍中，大家可以在参考产品详情页内容的基础上，增加一些好玩有趣的东西。给大家讲一个我们做减脂代餐产品的案例。这个商家会在产品名字上多下功夫，因为买这些东西的大多是年轻人，于是商家就关注这些年轻人群体感兴趣的内容来设计产品名。比如经常健身的男生可能大多热爱打游戏，商家就针对性地把产品名字设置成：今晚吃鸡大吉大利。如此一来，目标消费群体就会感觉冲着这个名字也可以去尝试一下，如此一来商品的点击率翻了两倍不止。大家也可以围绕自己产品的受众人群喜好来优化产品内容。

综合以上内容，关于组品给大家总结出以下几点。

1. 产品性质定向

直播带货的前期工作中，我们通常将产品划为面向不同类别和层次的用户。因此，产品 SKU（库存保有单位）重组的第一步是了解受众人群的需求和偏好，了解他们的消费习惯和关注点。然后将产品分组，利用数字人直播对不同的观众进行精准推荐，以获得转化率的提升。

2. 组合销售

组合销售，将单品组合成“套餐”，或者是将两个或多个相关产品的套餐组合在一起，从而让消费者一次性购买多个商品的销售策略。在数字人直播时，可以采用组合销售的方式来增加产品品牌或品类的总体销售量，将相同品牌、不同款式、不同颜色的商品组合在一起，可以提高观众购买意愿。

3. 限时促销

可以采用限时促销策略来结合选品重组。限时促销策略可以在数字人直播主会场中进行，使得观众能够时刻感到时间紧迫，一定程度上可以减少观众购买的心理阻力，从而提高销售转化率。

4.6 总结

直播选品是数字人直播带货中非常重要的环节，合理、科学、高效的选品可以保证直播间的流量、转化率和收益。以下是对数字人直播爆款选品策略的总结。

1. 了解受众

直播间运营者需要了解自己的受众和消费群体，关注消费者需求变化，对不同观众推荐符合其当下需求的热门产品，如根据观众性别、年龄、兴趣爱好等进行细分，在优化产品搭配方案时进行精细化处理。

2. 关注市场热度

关注市场热度是选品环节中最重要的一点，选择市场上时下爆款或预测爆款，可以提高直播间的吸引力，吸引和留住更多的流量，提高转化率和收益；同时也可以通过各种渠道了解大众的购物心理和趋势，从中分析市场热度，分析消费者需求和决策行为，从而调整选品策略，实现精准选品。

3. 推荐产品套餐

数字人主播可以通过搭配同品牌或不同品牌的配套产品，向观众推出更有吸引力的产品组合套餐。通过推荐产品套餐，观众可以更方便地购买多个相关产品，同时获得更优质的购买体验，大大提高转化率。

4. 了解产品质量和价格

数字人主播需要了解每个爆款产品的质量和价格，保证销售的产品质量，并遵循市场价格规律。合理的定价可以提高消费者的购买意愿，增加直播间收益。

在数字人直播间里，主播相当于促单的循环讲解员，其核心任务在于对整个直播的操盘，而此外直播前的选品排品、布景、调整优化等工作，都是影响最终直播效果的重要因素。

主播的这一核心操盘手工作也并不是一蹴而就的，除了以上提到的具体选品、组品排品及布景优化等技巧，主播还需要时刻保持对产品热度的敏感度，并不断更新市场信息，才能让直播间的未来发展走得长远。

第 5 章

数字人直播带货（话术篇）：从单品循环到多品转款

5.1 话术的六段式结构

我们建议将数字人直播话术分为六段式结构，逐渐递进。六段式结构的各部分分别是引出需求、强化卖点、延伸场景、限时限量、额外惊喜和服务保障。在数字人直播时，六段式结构的一个部分都不可或缺，使直播话术更加完整和规范。

5.1.1 引出需求

引出需求在直播话术中非常重要，如果你在直播中没有合适的话术去调动观众的兴趣和好奇心，不能引起观众的共鸣，那么就很难将他们转化为潜在客户和最终的消费者。通过引出需求的话题切入，增强观众的互动和参与，可以让主播更好地了解观众，理解他们的需求和关切，这样也就可以更有针对性地进行讲解和推荐。直播时主播也可以多用疑问句，询问观众是否对产品信息和购买等方面存在问题，在增加与观众互动的同时，也可以用产品的卖点，来回应观众的需求，实现“先种草再拔草”的过程。

5.1.2 强化卖点

在直播间介绍一款产品的时候，卖点不用太多，有 3～4 个独特且重要的卖点就足够了，此外把每一个独特卖点详细展开并进行强化也是十分重要的。

在编写产品卖点之前，首先要了解受众。需要确定观众的年龄、性别、兴趣爱好和购买习惯等方面的信息。这样可以帮助你更好地了解他们的需求和痛点，并对他们制定合适的卖点话术。

其次要强调产品特点。在直播中展示产品时，要时刻强调产品的特点，可以告诉观众产品的具体规格、功能和优势，以及为什么你的产品比竞品更具有吸引力。

这样可以让观众更深入地了解产品，增加他们的购买意愿。

最后讲述一下产品背后的故事。一个好的产品不仅有优点和特点，也常常有着让观众感动的背景故事。可以分享产品的研发过程、品牌价值观和品牌发展故事，让观众更加信任你的品牌和产品；还可以引用产品的真实案例，引用和分享真实客户的案例是一个非常好的卖点强化方式，通过分享客户的购买和使用经验，让观众更了解产品的实际效果和价值，并感到你的讲解更加具有说服力。

5.1.3 延伸场景

场景话术在这六段式结构当中，是很重要的一部分，场景延伸的好坏有时直接决定了直播间观众的购买欲望和商品点击率。在编写场景延伸话术时，可以根据不同直播场景，选择不同的话题来延伸你的直播内容。比如，如果场景是在展示美食，内容就可以延伸到婴幼儿辅食、烹饪技巧等方面。这样可以让观众更深入地了解相关领域的知识和技巧，并与产品建立起更深入的联系，调动更多关注。

在延伸场景的同时也要与观众积极互动，观众参与是一个非常重要的直播元素，可以在直播中与观众互动，回答他们的问题，分享相关的经验和知识。这样可以增加观众的参与感和主动性，同时也提升了直播表现和推销效果。

还可以延伸产品或服务方面的内容。在直播中，可以分享产品的相关服务或衍生产品，创造更多的销售机会。也可以针对观众的问题和需求延伸话题，并根据观众的反馈分享更多知识和经验。这样可以增加观众的信任感和好感度，同时也提高了主播与直播间的专业度和可靠度。

总之，场景延伸话术就是什么人，在什么时间节点，做了什么样的事情，从而把抽象的产品介绍具象化、场景化、生活化，让观众具有强烈的代入感，从而帮助直播间提升转化率和收益。

5.1.4 限时限量

直播区别于传统购物的一点在于购买时消费者的决策周期较短，所以打造“限时限量”话术可以打造紧迫感和独特性，从而增加观众的购买意愿。当观众发现你的产品只有在特定的时间内提供有限的数量时，他们可能会感到需要尽快采取行动，以确保能够买到。这样可以刺激观众的购买决策，增加销售机会。同时这也增加了产品独特性：在直播中使用诸如限量版、独家特别版或秘密折扣等活动话术时，可以让观众感觉到拥有你的产品是特别和独特的事情。这样可以增加消费者的归属感和自尊心，进一步提高销售机会。此外，这样还可以帮助观众建立对品牌的信任和忠诚度：限时限量的产品推销可以展示品牌的稀缺性和独特性，凸显产品的优势和价值。当消费者购买了这些产品后，他们可能会感到自己获得了真实的品牌价值，并建立起更加深厚的品牌信任和忠诚度。

5.1.5 额外惊喜

在直播过程中，你不需要把这次直播的所有福利活动及优惠力度一口气讲完，而是可以尝试在一些特殊的时间节点分次讲述，有时可以达到意想不到的奇妙效果。比如在对赠品的讲解过程中，可以先将产品上架再讲解额外惊喜，你可以告诉观众今天下单额外还会有赠品，提供额外惊喜可以在观众中创造更多购买动机。以下是一些关于额外惊喜的具体建议：

（1）优惠和折扣。优惠和折扣是直播间常用的一种惊喜方式。你的直播间可以提供独家优惠或限时折扣，在直播过程中宣传这些优惠和折扣，激励观众尽快下单。

（2）赠品或奖励。可以在直播间下单后提供额外的赠品或奖励作为惊喜。这些赠品或奖励可以是特别的商品或服务，或是能获得相关品牌会员身份、积分和促销折扣等。

（3）特别服务或个性化礼物。为下单的观众提供特别服务或个性化礼物，这可以让他们感到自己是特别和重要的。这些礼物或服务可以是自定义的，让下单观众体验消费带来的高端服务和特别待遇。

（4）活动和竞赛。活动和竞赛可以促进直播间下单，同时也可以增加观众的参与度。你也可以在直播中发起竞赛或针对下单观众设置活动，来优惠和奖励这些观众，让他们在你的直播间获得更多更好的体验。

总之，提供直播间下单的额外惊喜可以让观众更有动力在你的直播间下单，同时也可以增加他们的忠诚度和品牌认可度，额外惊喜的具体内容也可以根据品牌和产品特点适当地进行选择和调整。

5.1.6　服务保障

在直播间促单环节中，你可以对产品的服务及保障进行讲解，打消观众对直播间下单的顾虑，为直播间购买提供服务保障，可以增加观众对你直播间的信任和满意度。

直播间服务保障的 6 个方面

可以从以下 6 个方面来介绍直播间的服务保障：

（1）数字化保障。可以多用销量、好评率等数据来保障直播间产品的品质。

（2）源头保障。通过在直播间展示自有工厂，可以展示产品为工厂直发，让观众能看得见货品源头，买得安心，用得放心。

（3）品牌保证。 当品牌自身影响力较大时，可多次提及来打消观众对品质的顾虑。

（4）渠道保障。说明渠道和物流情况，让观众安心、放心下单。

（5）品质保证。为了保证观众购买的产品在质量上符合其期望值，可以在直播中告诉观众自家产品通过了哪些认证，经过了哪些质量检测，购买的产品的保质期等，也可以请品牌创始人来进行产品介绍，增加观众的信任感。

（6）售后保障。为了消除观众对购买产品存在的顾虑，可以告诉他们直播间和品牌的售后服务情况，如如何联系客服和解决问题等。比如直播间购买后免费维修、提供 7 天无理由退换货服务等。你可以介绍研发团队和服务团队，有任何问题客服会随时尽力解决。

总之，话术六段式结构的每一部分在直播话术编写时都不可或缺．编写话术的同时，也要注意每部分时间的长短，一个单品的介绍时间可以是直播间产品平均停留时间的 3 倍，如直播间的平均停留时间是 1 分钟，单品话术时长即为 3 分钟。根据这节内容，你能轻松掌握话术构建方法。

5.2 三段五分六循环话术

直播间冷启动最重要的就是把握直播的节奏。直播间的若干因素结合起来都在共同作用，就像是列队正步走一样，大家虽然都在一起努力，但是整个队伍可能也会缺少气势，问题的关键就是队伍整体的节奏感，这就需要采用“三段五分六循环”的话术节奏。

那么该如何理解三段五分六循环的概念呢？首先，“三段”即三个阶段。这里可以把直播间的冷启动理解成在钓鱼，能钓到大鱼才算是成功，钓小鱼意义不大，小鱼和大鱼就是直播间的泛粉丝和精准粉丝，三段五分六循环里的三个阶段就可以分别比作放鱼入池、布局诱鱼和拉钩收网。

在第一个阶段，要准备一个 45 秒必买的不限量单品，产品介绍时长 45 秒。在第二个阶段，在直播间所有的类目里，尽量去做高附加值且相对比较垂直的类目，即垂类粉丝极度想买的高价值感类目，再用客单价较低的产品进行憋单。这里的低价产品指的是相对低价，在这个阶段是需要憋单限量的，是可以在库存上做文章的。建议憋单时长在 3 分钟左右。在第三个阶段，也就是拉钩收网。网能收起来，意味着鱼已经被捞起来了，也就是已下单成交了。但对于必须要把直播间人气“憋”到多少再放单，是没有固定要求的，也不是说经过一轮放单就可以万事大吉了，而是要多次放单、阶梯放单。放了一轮之后，有的人抢到产品离开了直播间，有的人没抢到也会离开，建议阶梯放单的时长在 1 分 15 秒左右，这段时间内能够放两到三轮单，这就是三段的概念。

那这里的“五分”是什么？直播平台也一直在进行考核重视循环成交的模型，考核的周期按小时计算叫小时榜，而每 5 分钟是循环成交考核的一个考核时间节点，在直播的前 30 分钟内每 5 分钟的成交考核尤为重要，做好这每一个 5 分钟的数据，有助于拿到自然流量池推荐。

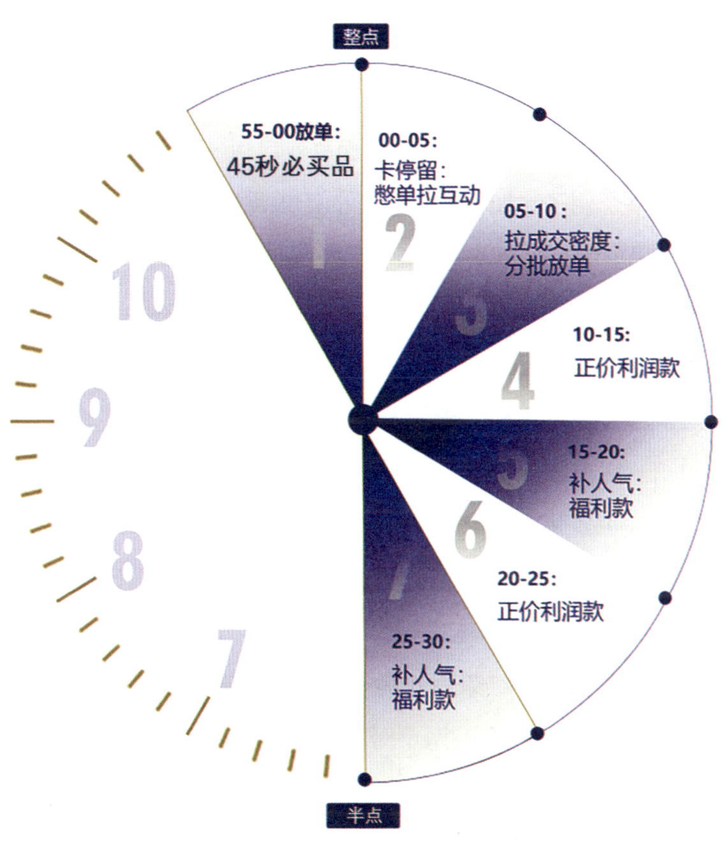

直播间循环周期罗盘示例

在整场直播所有的 5 分钟里面，有两类特别重要的黄金 5 分钟：第一类是每个小时的最后一个 5 分钟，如 4: 55、3: 55；第二类是每个小时里面的第一个 5 分钟，如 4: 05。

这两个 5 分钟为什么被称为黄金 5 分钟？是因为他们在整点附近，而整点又是平台对该时段、该类目直播阶段考核的一个重要的节点，每一个直播间在自己所在的类目里面是有实时排名的，以每 5 分钟为考核节点，会统一在小时表现里面给予排名。

以女装赛道为例，相同客单价和相同流量层级里面有 100 个账号，排名不一样，给到的自然流量池推荐也是不一样的。其实运营就是在反推算法，很多团队和大的主播卡小时榜数据都是在这两个时段，集中做运营手段。例如整点的时候集中地上福利品，就是为了冲出小时榜。虽然小时榜的流量相对来说是泛流量，但是在这个时段拿到泛流量，就能像用漏斗一样把泛流量里面属于该类目的精准流量留下来，卡榜的动作也就是有意义的。

最后讲一下“六循环”是什么？这里面其实包括一个大循环，一个小循环。

这里给大家举个例子，如果把不限量的泛爆品定为 A 产品，即可以保证我们直播间成交的产品，而把憋单款定为 F 产品，那么“A 产品 +F 产品”为一个单位，一个单位介绍 5 分钟，循环 6 次就是 30 分钟的一个小循环，30 分钟的小循环再循环 6 次，那就是 3 小时的一个大循环。

而从主播作为一个普通人对高强度直播的承受力上来说，3 小时正好是一个标准的直播场时长。很多团队、机构、服务商都是以 3 小时为基础直播时段的，大家直播时长的选项也多是 3 小时、6 小时、9 小时、12 小时等，以此类推。

3 小时是当天的一个直播大循环，就算是每天连续过播 18 小时的直播，其实也就是由 6 个大循环（3 小时）构成的。

建议在 3 小时的大循环结束后断播一次。为了第二个大循环的起始流量，在整个 3 小时大循环里面最重要的两个时段是什么？一个就是直播前的第一个小循环（30 分钟），即一场直播的前 30 分钟；第二个就是下播前的最后一个小循环（30 分钟），能够给你的下一场直播提供很多的流量参照依据。临下播的时段，一旦出现越播直播状态越萎靡、越播流量数据越差的情况，直播间也就越会慢慢丧失生命力。可以在账号下播之前集中上架一些泛爆款，或者及时调整主播或者驱动数字人主播的状态，让气氛再亢奋一下，让整个直播间的流量波形再次上升。

因此不管是 30 分钟内循环 6 次 5 分钟，还是 3 个小时内循环 6 次 30 分钟，都是前面提到的“六循环”，适合于账号稳定期带货阶段的直播间进行冷启动，当然可能就不会只上 A 和 F 两类产品，在账号启动的 3～7 天黄金期里，用这种模型破启动流量是可以的，但场观（单场观看量）和在线量究竟能拉到多高，这里面跟不同的类目和货品是有关系的，毕竟有些货品本身转化就不容易。

小循环的爆发成功，决定了大循环的流量供给，整个过程流量供给的多少是由第一个循环来奠定的，直播第一个 30 分钟的表现能够直接影响整场直播的效果，也能决定你接下来一段时间内的场观。

而三分五段六循环里最关键的点就是话术——可循环成交话术。环保讲究使用可循环再生材料，直播破层使用可循环成交话术。这一话术的模型，可以用在布网诱鱼阶段，3 分钟憋单的时间里，第一分钟循环需求卖点，第二分钟循环价值卖点和比价动作，第三分钟循环场景卖点，同时加入场控评价和整个直播间的氛围引导。话术介绍上高价值感不等于高价值，直播带货需要靠话术营造出来高价值感。

给大家举个营造高价值感的例子。在憋单售价为 199 元的产品时，在旁边会放一个 499 元产品，样式上无太大差别，然后将两者进行对比，把 199 元的这件产品打造成高价值感的产品。于是在这三分钟的时间里，要憋三次单，一分钟一次，每分钟内要把一个产品的卖点完整地讲解，当主播给观众下了指令，例如让观众点击小黄车后再快速介绍一些产品的卖点，这就算一次憋单的完整完成。在这三分钟里，分三个时段，每个时段的结束标志位就是我们给观众下的指令，同时再憋单时，注意憋单话术要逐渐增强，这一点特别重要。话术逐渐增强的作用是什么？就是让观众感觉高潮还没来，好戏还在后面。

第一分钟的话术从强调需求卖点到价值卖点，其实就是比价。在场景卖点里，场控就可以适当介入，密集地应用场控话术来回应比如弹幕上有观众反馈的关于该产品的使用经历或体验。

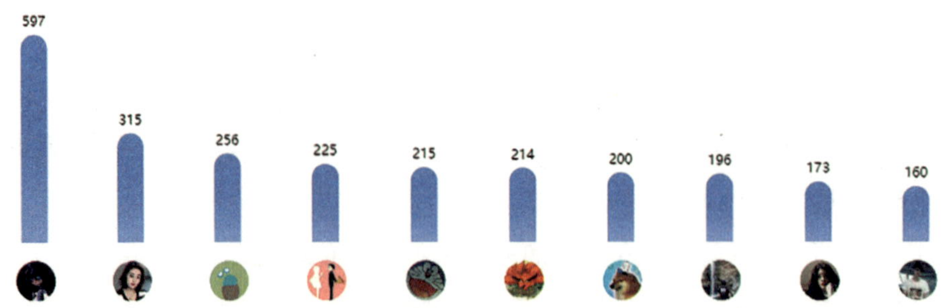

某直播间里某时段的弹幕评论条数 TOP10 截图

把场景卖点和氛围引导到了极致，再结合直播间的天然直播时长优势，可以在不同时间节点进行不同的重新放单。如先告知观众今天只有 30 个优惠福利，每小时放 10 单，瞬间抢空，后再告知观众又申请出来新的名额，等等。如果还有第三轮，第三轮可能只能放两三单，这个循环逐渐降低，放单的过程特别重要，一定要领会其中重点。

5.3 话术两态——燃烧态和平播态拆解

并不是所有的话术都需要激情高亢的状态去诠释，话术也有燃烧态和平播态之分，燃烧态的主播是可以控制流量的，平播态的主播是可以承接流量的，如果主播业务能力比较强，是可以在不同状态之间转换的。但是这不意味着任何一个主播都必须具备燃烧态才是一个好主播。因为很多的直播间，视频流量或者投放流量占比较大，有稳定的流量进线，平播态的主播也是可以完成直播间的转化要求的。而我们的数字人主播，也正是承担这样的要求。

那么，什么是平播态和燃烧态？这两种状态是怎么样来“共振”的？先讲一些基础的知识。很多时候就是大家只是重视话术，却忽视了以不一样的主播状态演绎相同的话术模板，其效果也大不相同。带货直播好比是一声开卷考试，优秀主播的话术都可以完全复制学习、借鉴照用，但为什么很多人还是做不好呢？其实是因为忽略了两点，一个是表现力，一个是节奏感。经常可以看到一个主播状态非常不错，也很有激情，这种主播就是有一些表现力的。好的主播表现力可以吸引观众，主播表现力差的话，会让观众感到枯燥乏味，毫无吸引力。具有突出表现力的主播会让观众感到惊喜和眼前一亮，吸引观众成为自己的忠实粉丝。主播的良好表现力还可以强化品牌形象：在直播场景中主播代表着品牌和企业，良好的主播表现力可以增加品牌的形象和知名度，优秀的表现还可以赢得更多忠实的粉丝，从而提高销售效果，优秀的主播表现力可以激发观众的购买欲望、增加消费者对品牌的信任度和认可度，并进一步促进销售。这就好比马拉松比赛，从头冲刺到最后，节奏最不好掌握，人跑步的时候会岔气，会跟不上大部队，所以要知道应该在什么时候冲刺，什么时候跟在大部队后面。带货直播也一样，就像是一场马拉松比赛，节奏该快的时候快，该慢的时候慢。这个快和慢的调节标准是什么呢？是进场、离场的人数、流量的进入和离开的速度。能够控制节奏是一个优秀主播必备的技能。

作为主播如何快速地提升自己的直播能力呢？最简单的办法就是拿一版话术反复打磨、练习。做到日进一步，话术没问题后也需要找到自己的风格，节奏是快是慢，燃烧态还是平播态。

数字人主播也一样，可以被当作是平播态的主播，那么就必须给数字人主播定义一个风格，直播状态到底是燃烧还是平播。要知道，平播态也不是一味地平稳推进，平播这种状态，也需要神态表情和肢体语言的融入，因此我们在数字人生成采集时需要注意表情和肢体语言，这一点在附录中也会讲到。

平播态并不简单，中高客单的产品往往需要平播态的主播才能承接。状态没问题后再加感染力，什么叫感染力？就是情绪。情绪是动作吗？其实最主要的是表情。比如，当一件产品主播觉得优惠特别大，会觉得很可惜，很惋惜，突出表现福利活动力度之大；再比如一件产品，从工厂拿货都拿不到这个价格，作为主播这个时候跟直播间里的观众一起抢购下单，这样就更能增加观众的信服力。那种期待和强烈需求的感觉从主播表情里流露出来，情绪是不会骗人的。这里要强调，新手主播盯着屏幕，不建议用高清的摄像头，因为盯着屏幕时所有的表情和眼神都是清楚地由摄像头直接呈现给观众的，跟观众之间的情绪感染、渲染容易有偏差。如果主播没有较强的表现力，情绪传递和感染就会出问题。就好比平时与别人交流，一离开表情，两者之间的情绪交流就断掉了，这就叫情绪链中断。

直播间需要精细化运营，当你把细节的东西都做到位之后，再努力做到极致。一段话术的细节、断句的节点、转身的时机、衣服能不能衬托出身形、首饰可否衬托气质、某时话术匹配的手势等，这些都是直播间精细化运营中的细节。

在话术编写时，也可以参照下面的表格提炼话术重点，同时也可以提前设计好在输出这些话术的同时，主播可以搭配什么样的动作。

话术结构	话术详情	话术重点	配动作
引出需求			
强化卖点			
延伸场景			
限时限量			
额外惊喜			
服务保障			

直播间话术提炼表

拍手的节点、鼓掌的手势、语气的停顿和转变，这些细节上的完美加在一起才是一个完整的优秀直播间。一个产品的单品介绍话术，就是直播间里面最小的一个运营单元，对直播间所有产品的逐项介绍，就是每个单元切换再切换，这就是直播销售的逻辑。

直播间主播手势动作

如上图所示，在直播间可以使用的动作手势有很多，这里汇总了五个较为常见的直播间肢体语言，分别是推、切、捶胸、拍手掌和伸手指。

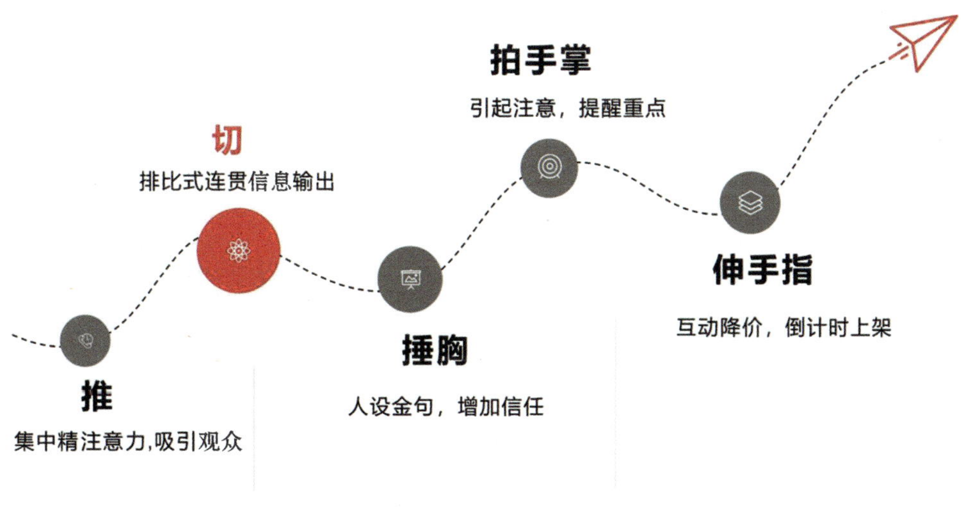

直播间手势动作的应用场景

推的手势动作可以用在直播间福利活动，价格优惠等亮点信息、需要抓回观众注意力的时候。

切的手势动作俗称“切菜”,在我们举例产品卖点的时候,可以每讲述一个卖点,动作上就切一下,卖点可以用排比句式连贯输出,配以高频快速的“切”的动作进行内容强调。

捶胸的手势动作则可以用在给观众做承诺、做保证的时候,拍胸脯表示观众可以信任自己。在输出自己直播间人设金句的时候,也可以使用。

拍手掌的手势动作则可以提醒观众要集中注意力,打起精神倾听主播接下来讲的内容,用来强调重点。

伸手指的手势动作则可以用于直播间产品上架和直播间要进行互动时倒计时。

主播是没有能力天花板的,综合能力可以一直提升,且可以优化的地方太多了。主播能做到每一秒都吸引人吗?整个直播的过程,就是在这样一遍又一遍的循环中提升。直播要先优化话术,然后调整自己的状态和风格是燃烧态还是平播态,再加入表情,加入感染力,最后一处一处地优化细节,这是一个完整的逻辑。

主播要具备流量感知力。怎么感知流量?从数据的角度上就是可以根据数据大屏上进场和离场的人数和平均停留时间,来感知流量。自然流量的主播一定要去关注和分析这些数据。所谓燃烧态主播,就是依靠自然流量的主播,你需要去感知流量。如果你是平播态主播,一遍遍地重复过款,对于流量的感知要求就没有那么高,所以说对不同状态主播的流量感知能力的要求也是不一样的。燃烧态的主播需要明白什么时候要快速过爆款,什么时候要过利润款了,用什么样的产品可以提升直播间的停留和密度的成交,也就是过款的顺序。燃烧态的主播还要适度地学会憋单,通过互动快速地放单,及时地通过下一款拉动停留憋单。因为憋单的逻辑其实本质上是为了做停留。公屏上一旦有人带节奏,我们也需要人为介入来屏蔽,尤其是在过循环、过爆款时,比如 15 分钟只过一个产品的时候,可以提前设置屏蔽词,这就是场控的作用,而不是只会删除“小黑粉”的评论。直播间公屏氛围会对主播的情绪产生影响,也直接关系到观众交流和互动的态度和方式,这是一个非常重要的细节,不想让屏幕里面出现任何因素打扰主播的心情。强力主播不会被打扰,但是弱一点的主播就会受影响。所以主播就是要用这种能力来在自然流量和各种流量模型下来提升和控制直播间流量。

主播在声线上也是有讲究的。我们在锻炼这些主播的时候,会运用播音主持的一些技巧，燃烧态并不是咆哮，并不是十分夸张的动作和咆哮就是燃烧态，而是话术节奏相对比较快，充满紧迫感、限时感，输出信息比较多的状态。这在心理学上叫打动浅层情绪，急迫的感觉会让人感觉错过、后悔。

声线的训练可以在日常生活中进行，比如在闻花香的时候吸一口气尽量保持较长时间，或尝试尽可能长地叹一口气，试试一口气可以数多少个数，等等。这样经常做一些训练练习，也能帮助主播提升气息和声线稳定。

主播的燃烧态是通过视频画面和声音一同传递给观众的。燃烧态的主播有一个特别大的特点即动作幅度大，动作幅度大呈现出来的整体视觉效果比声音大还有感染力。而画面与动作不只要节奏快，还要保证主播的语速必须匹配其正在做的事和动作。表示特别心情急切的时候，是不是有与之匹配的动作和表情？这是最难的。

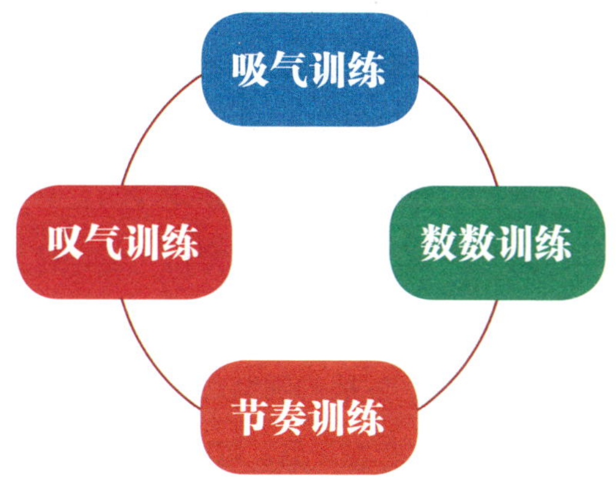

主播声线和气息的日常训练

主播的情绪也要渲染出来。情绪是一切的原点，主播情绪能感染观众，才能降低观众的心理防御。做直播时传播并不是机械的，不能只是读话术、念话术，像念绕口令一样把话术很快地读出来。直播是个立体的传播过程。什么叫立体？立体就是既有文字的传播，又有动作的传播，还有表情和感情的渲染，眼神交流、凝视对方、停顿、思考、皱眉、发愁等。因此做一个优秀的主播，在话术维度、声线气息维度和情绪动作这三个维度中都要做好。

优秀主播优化的三个维度

除了主播个人能力方面的优化，在装扮和搭配上也需要结合直播特点来优化我们都知道，影视行业讲究服化道，大家知道这三个字具体是什么吗？是服装、化妆、道具，有了服化道的设计与准备，普通人也可以风格大变。

这里给大家 3 个常见类目直播间的服化道搭配建议：

（1）以家居直播间为例，主播的服装建议宽松一些，甚至可以是一些精致的睡衣，或者比较高品质的家居服，但是一定要注意着装规范要符合平台的规则。

（2）以护肤美妆直播间为例，主播的服装颜色要简洁，千万不要穿特别复杂的衣服，避免在视觉重点上使观众忽视产品。可以穿一件很漂亮的衣物，但最好和直播间是一个色调色系。很多高端品牌的直播间里直播间整体的配色让人很舒服，主播的衣服也跟整个直播间的背景风格是很匹配的。

（3）以服饰直播间为例，穿自家衣服没有问题，但主播直播的过程中展示的配饰和道具也是有讲究的，颜色是否吸睛、花纹图案是否时尚都要细致考虑。高客单的直播间里风格常常是就是简奢，直播间里面不管是主播的服化道还是直播间的装修，都简约而奢华，却不是那种凌乱的华丽。直播间道具的设置也要掌握这个感觉，高端加大理石的感觉，灰色的轻奢感感觉是要流露出来了，而这种直播间里面就呈现出的效果也是为了高客单的价值感塑造。关于直播间布景方面的设计技巧，我们会在下一章具体讲解。

虽然直播间讲究“人货场”这三个因素，但其实这三个要素里的排序应该是“场货人”，3 秒看场景，场景也决定了直播间的点击进入。背景可以虚化，更加显出直播间的高清感，真实感也很强。

另外在主播的外表姿态上，站姿时注意挺胸、抬头，下颌略沉，双肩打开，目视前方，整体要舒展，手机可以放得比眼睛稍微低一点。坐姿上双肩要放松，头要放正，避免出现左右晃动。

如上图所示，我们可以对着镜子练习自己的镜头感，在镜子前面试试随机讲一段话。想要在直播时眼睛大而有神，就可以多做一些视线定点训练，即长时间盯着一个点做定点训练。在气场训练时一定要坚定自信，而想要提升亲和力，可以多进行微笑练习。

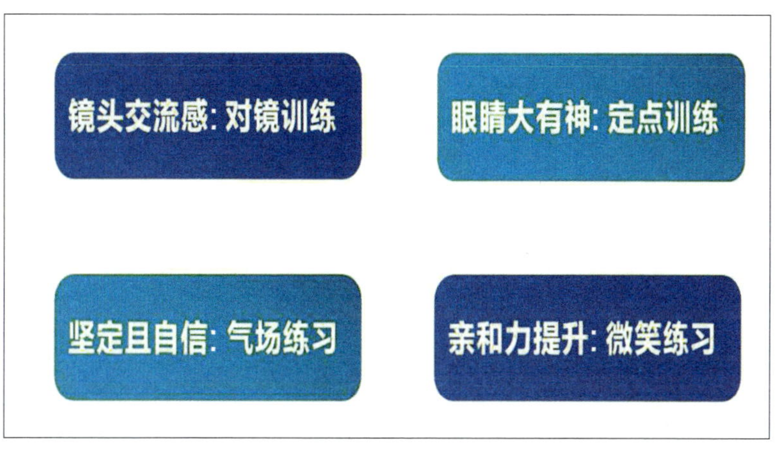

主播外表仪态练习的四个方面

主播可以配一个升降桌，把桌子提高到自己胸口的附近，使机位整体拉高，站着去展现直播画面。现在很多护肤品还有食品的直播中，主播都是站姿，因为站立状态下直播人肢体上才更容易打开，更能引入燃烧态。

大家一定要相信燃烧态和平播态的主播都是没有问题的，有些主播节奏太快了，过款转价（低价品转到高价品）也困难。转价之所以困难，是因为在售卖高价商品的时候，主播状态过于燃烧，在这个时候得适当放慢一点，售卖福利品的时候一分半的时间过一遍款，售卖较贵的东西的时候，必须双态切换，从燃烧态适当切换到平播态，把语气节奏放下来，能在两种状态之间灵活切换的才是优秀的主播。

把状态和节奏都处理好后，也要解决唇齿没有力度的问题。很多时候招主播愿意招有销售经验的主播，因为他们的销售经验和技巧是短时间内新手无法速成和替代的。讲话时话语要掷地有声，每个字的停顿都要有穿透力，而且能够用节奏感让观众的注意力与情绪跟着声音走，感觉节奏也在忽快忽慢，这才是高级主播的完美状态。

第 6 章

数字人直播带货（布景篇）：直播间科幻美学设计

6.1 提升直播间进房率的黄金公式

众所周知，在电商中营业额（GMV）= 曝光量 × 曝光 - 进入率 × 转化率 × 客单价。因此，曝光量与进入率的差值能够直接影响最终的带货结果。因此，在想要提升 GMV 和利润时，我们需要从第一环节开始优化，特别是对于数字人的直播间，人在整个转化路径中的重要性并不高。所以在运营过程中，对于环境画面和音频的质量要求会比其他真人直播时的要求更高，以此来提升曝光与进入率的差值，即进房率。

我们总结了提高进房率的技巧，并将其归纳成公式：优势（内容吸引力）+ 速度（快速被理解）= 高进房率。

接下来，我们将详细地拆解这个公式。

提高直播间进房率的技巧公式

想要让观众在浏览的瞬间点击进入直播间，就需要让他们能够快速了解直播是在做什么。因此，在直播间的画面标题中，要明确直播间的销售类型，例如服装、护肤品、家居等，直播间的销售类型越直接、明确，就能越快筛选到自己的目标人群。除此以外，直播间的独特亮点也是提升进房率的关键，是对观众的附加吸引力。

当然，每个直播间场景都是唯一的，不同情况及不同直播间所具备的优势也不尽相同。即便模仿和学习同行的做法，也难以达到完美复刻，因为他们可能拥有品牌、机制、产品特色等方面的优势，而你的产品则有所差异。

因此，为了提升直播间的内容吸引力，我们首先要深刻明确自己的竞争优势是什么。以下四个方向供大家参考。

1. 活动优势

无论是电商节日还是传统节日，或者是网络流行的新式节日，都可以成为我们开展活动的契机。有许多人会打趣说直播人希望每天都是生日，因为这可以为直播增加活动噱头，自己的生日，家人的生日，甚至家里狗狗的生日，都可以成为开展直播间活动、增加直播吸引力的理由。

直播间活动现场效果示范

2. 商品的吸引力

商品的吸引力可以在于其外观的高颜值。举个例子，有些材质在镜头前非常抢眼，比如亚克力、玻璃、水晶等。

商品的吸引力可以在于其稀缺性，比如飞天茅台。此外，一些具有时效性的商品也具有很强的吸引力，比如夏天的创意风扇、冬天的新型暖炉等。

商品的吸引力还可以在于其实用性，即产品的强大功效。比如在宣传洗涤产品时，我们可以将衣服沾上茶水、咖啡等易着色液体，然后再使用我们主推的洗衣液，给观众示范轻松洗净，这种即时的强大效果呈现会让人印象深刻。

颜值类产品示例

3. 品牌优势

这种优势常常是针对具有较高知名度或美誉度的大型品牌。但是需要强调的是，我们必须要从观众的角度来看待品牌。许多产品创业者都有一个做大品牌的梦想，这很好，但是我们不应过早地将自己的目标限定和局限住。因为如果品牌的目标局限性太强，就容易让产品的发展路线变得很窄。我们经常会看到一些其知名度也相当高的品牌，在直播间里在线的观众却只有十几个。这是因为品牌实际上并没有强大到能够让其用户一看到直播就点击进来。这样就可能过分倚重品牌优势而忽略了自身直播的真正优势。

4. 兴趣优势

这种优势可能是出于新奇、特别，或者是与观众兴趣点相契合。例如，曾经有一个曾登上带货榜的直播间，开播不久就吸引了四五千人在线观看。尽管当时的带货数据并不理想，但点击率却非常高。因为该直播间卖的是高跟鞋，让模特在跑步机上穿着高跟鞋来展示鞋子的牢固和稳定，这种超出常规的操作也正好吻合了观众的兴趣点。

以上这些都是你可以用来吸引用户的方向。在提升直播间内容吸引力时，我们必须认清自己的优势。

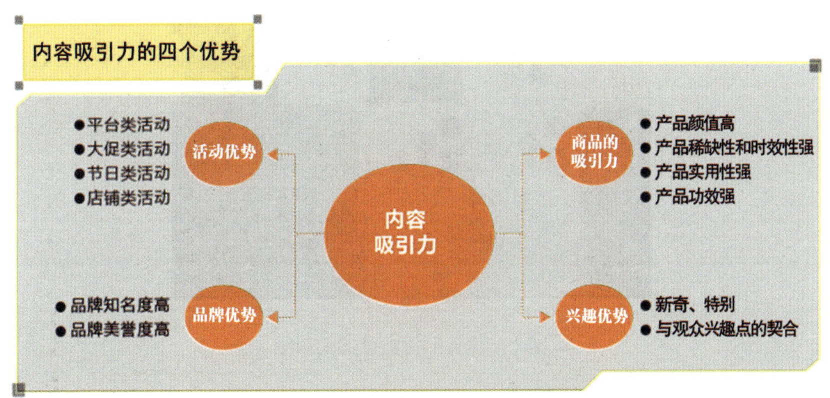

直播间提高内容吸引力的四个优势

提升直播间进房率的第第一要素是快速被理解，这包括三个方面：

第一个方面是看得到。直播中的产品要所见即所得。无论是服装、家装、饰品，你的直播间中必须能够展现出所售产品的真实情况。对于一些无法直接见证卖点和效果的功效类产品，我们可以通过产品详情视频来展示使用效果。

某个所见即所得的直播间截图

第二个方面是看得清，具体来说就是要清晰地展示你的直播主题。主题并不是只存在于屏幕顶部的几个字中，而是要从画面中的各处体现出来。比如标题的位置，考虑到不管是哪个平台一般都会在屏幕顶部呈现人数和账号名称，所以置于屏幕上方的标题基本上是会被遮挡住的，就不能让观众快速理解和明确直播主题。另外，直播间的其他元素要围绕产品来设计打造，如主播的妆造、前景贴片、道具等。

某个一眼看懂的直播间截图

第三个方面是看得懂。现在很多人的网络使用都越来越碎片化，对内容获取越来越注重效率，这就让内容生产对于场景的要求也越来越高，以便让人能迅速看懂。因此，我们需要先有一个主旨，确保观众能够通过你的贴片，快速地领悟到你想表达的重点，也就是说需要用通俗易懂的语言来传达信息。如果你只说一些很专业的术语，那么除了那些了解相关领域的观众，其他人可能都听不懂，这无疑是不利于在公域平台上吸引更多用户和扩大直播影响力的。因此，观众进入直播间后能不能迅速看懂直播是非常重要的。毕竟每个观众进入后的停留与反馈数据都会最终影响我们的推流决策。

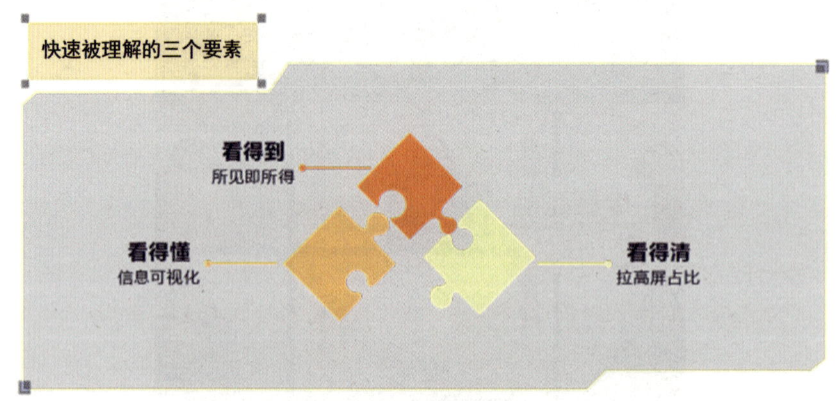

直播间场景能够快速被理解的三个要素

6.2 数字人直播高停留的画面打造指南

经常会有人问我，数字人直播带货真的能把产品卖出去吗？

数字人并不是救命稻草，而是在现有模型上提供降本增效的解决方案，最终仍需要在直播间中具体画面、色调、构图等方面的精细化运营。下面我们将拆解一下团队新号在第二场直播达成 7 万元营业额的直播间运营动作。

这场直播间卖的是爆品环球影城门票。套餐的客单价大约是 1400 多元，其中包括两张成年人门票和一晚上的酒店券。这里强调一下大家可以借鉴的几点：

（1）画面要突出核心卖点。当人们提到环球影城时，会想到什么？它有哪些吸引人的地方？有哪些刺激或热门的电影场景景点和元素？我们将这些元素和要点制作成前景贴片呈现在画面中。对于刺激性的项目，摄影师会专门去亲自体验并拍摄，将第一视角的视频呈现在直播间的背景中。这样一来，画面的直观效果很好地向观众呈现了环球影城的刺激和电影场景这两大卖点。

（2）要关注时段的选择。我们卖的产品分为两种，一种是价值 1400 多元的高客单，另一种是价格 400 元左右的单人票。那么这个高客单在哪个时段卖得最好呢？是周五的下午和夜间。晚上尤其是半夜时段，人们更容易冲动消费，看到这类产品的推荐活动就会觉得自己忙碌工作一周了，应该出去玩一下。因此，晚间是高客单的主推时间段，而白天则卖那 400 多元的单人票。也就是说直播中我们需要根据不同时段的观众特性及购物心理来调整话术和贴片等内容，而这些都已经录入了我们的数字人系统中，只需要在系统中一键选择就可以了。

（3）要注意背景音乐的选取。团队在全网寻找了短视频带货环球影城门票的数据最佳纪录，综合分析点赞量，选择采用相对数据最佳、最合适该类目主题的背景音乐来提高氛围感，增强直播间的沉浸感。

（4）要点对点促单。由于客单价较高，因此公屏中凡是提问的观众就都是有价值的潜在客户。我们由小助理来配合，及时回答问题并提供购买指引，告诉观众该购买哪个链接，如何购买更划算等，用点对点服务促进成交。

（5）要通过视频导流到直播间。我们的直播持续时间比较长，大概有 10 小时，加上不玩套路又是新号，直播间流量、流速都比较低，而生活本地品类的产品的利润又不支持过多的广告投放。因此我们选择通过发布相关主题的短视频，向更多观众展示产品并引流到直播间，从而稳定地吸引精准流量并提高转化率，刺激平台持续推流。

（6）要注重场景的布置与整体的色调的选择，这都是决定直播间画面是否高级的重要因素。观众能否在 3 秒钟内快速被直播吸引，以及被吸引的程度都与场景整体画面的打造有关，因此我们需要匹配色调、优化内容以达到良好的效果。

比如刚才提到的卖环球影城门票的直播，团队采用了橙色作为背景主题色，让人一看就感觉很有活力；再比如卖卸妆油的直播，采用的是绿色主题色，给人一眼感受到自然温和的安全感。

快乐、活力、刺激	强大、刺激、重要	自然、安全、新鲜	刺激度低、中立色、辅助
适用于熟食、加工产品等，例如辣条、包面、辣的、油的	适合于单一产品或品类较少的直播间，例如酒类产品	强调产品自然属性，如新鲜等，例如坚果、水果干等	弱传递场景，无须第一时间强调商品属性

颜色与感觉关联

如果没有固定的品牌颜色，那么可以根据直播间的内容来考虑色调。平台的点击率不仅取决于主播本身能力和状态，还受到包括贴片和场景等因素的综合影响。因此，我们需要通过细节优化来让观众快速理解我们的直播内容，从而提高点击率。虽然有些人可能会被一些猎奇的东西所吸引，但这并不是主流，大多数情况下必须通过这些优质的细节来吸引点击。

在直播间画面上，需要注意三段式结构布局：背景、中景和前景。

中景指的就是数字人（主播），而背景则需要表达明确的主题，根据产品、品牌或活动来确定，主题一定要凸显直播间优势。

除了主题，在背景中还需要有其他要素。最好有视频，因为在直播间呈现的产品的卖点需要可视化，图片也可以，但视频更生动、更直观。因此，在背景一定需要放置能够快速可视化卖点的要素。

在画面的前景中，建议优先展示产品并加以精修。

总体来说，直播画面布局分为几个要素：第一，视频点明场景、激发需求。第二，图片刺激购买欲望。第三，文字或者主题明确产品亮点。第四，数字人用话术循环引导购买。

制作这类视频，需要展示直播间的场景，让观众了解直播的主题并激发兴趣。视频内容可以参考带货榜单上的其他直播间中的视频等可视化信息内容。有时利用视频形式来呈现场景能够弥补不足，也可以根据具体情况考虑是否要自己拍摄视频，但这样不一定能出爆款短视频。

针对这一部分，给大家提供了两个建议。第一，直接寻找与我们品类相关、带货数据最好的挂车短视频，然后借鉴这些视频到我们的直播间中。即使这些短视频与我们的产品不完全相似，我们也可以学习这些效果好的挂车短视频的拍摄方法。当然，在此过程中我们需要改动视频的故事情节。第二，我们也可以寻找跑量最好、最常用的短视频素材，用于我们的直播中。这些短视频素材已经通过无数次测试，转化率和点击率都已经得到了验证，能够为我们的产品直播呈现带来效果保证。

6.3　直播间“拟人化”搭建方法

对直播行业的新手，我们总结了一套提升直播间停留互动的场景搭建指南，叫作“拟人化”场景。顾名思义，就是要把直播场景当成人来对待。展开来说，有以下几点：

（1）拟人化直播间的基础搭建。

（2）直播间的软装道具。

（3）冷启动直播间的时候，需要进行场景测试。

（4）高频次迭代更新。

在直播初期需要经常调整直播间场景来应对起号阶段的低流量，账号进入平稳截断期之后也要持续更新，保证不在平台内卷中被淘汰。

下面对要直播场景搭建的前两点进行拆解分析。

6.3.1　拟人化直播间的基础搭建

直播间拟人化的必要性在于，只有拟人化的直播间才能做到高穿透，尤其是在主播能力和人设不是特别强、不能随时随地进入特别能燃烧的状态的时候。所以我一直在讲，直播运营里面的确定性，要靠直播间场景来打造。

一般大家对一个人的印象来源有两处，一是外形，二是声音。把直播间比作人的话，那么外形可以比作成直播间里的各种元素和道具。比如，主播手里拿的一些手举牌，身前放的小摆件，这些就是细节道具。

另外声音也是重要一环。直播间里的声音，除了主播的，就是直播间的背景音乐了。这里面有个概念，一个好的场景，相当于直播间里有两个人。场景是第一个人，主播是第二个人，直播间里两人合作打竞品，获胜概率是不是会更高？很多人不重视场景，以主播为中心，背景却空荡荡的，这就使直播间缺了一部分表现力。直播间的背景音乐很重要，用得好能给直播加很多分。可能有人觉得，加了音乐特别吵，会影响主播的发挥，其实这完全取决于背景音乐怎么选取和切入。用音箱在现场外放，和将音频内置到直播间是不一样的。

如果主播需要音乐带动情绪，那么直接外放，不然的话，则内置音乐。前提是要保证不论内置还是外放，声音都要足够清晰，才能让用户感受到沉浸感、氛围感，从而给直播间加分。音乐的选择上一定要和直播间目标群体观众匹配。比如，你的观众大多是二三十岁的年轻人，那么大多数的音乐榜单可以直接采用；但如果顾客年龄偏大或偏下沉市场，那么音乐也要有针对性地筛选。

直播间外放音箱示范

关于直播间的“外形”，需要注意以下几点：

（1）要有层次感。直播间中景别分为：中景、背景，和前景。处于在主播前面的部分叫前景，主播一般为中景，其后面部分为背景。这是一个有层次的直播间。

比如某知名口红带货主播用过一个口红柜做背景，虽然柜子离人物很远，但观众一方面通过柜子上的陈列就能看出直播间是做什么的，另一方面也能增加画面的层次感，让人不觉得单调。

直播间景别示范

（2）堆砌有价值的东西。堆砌什么？是对直播间能够进行价值穿透的东西，证书、奖杯、奢侈品等，通过这种细致的呈现，潜移默化给观众传递高级感和可信度。

（3）要有穿透力。平时经常刷各平台带货榜，我们不难发现，在榜单上的那些直播间的背景无一例外都符合一个原则，就是高纵深、强穿透。这个穿透指的是人们看到直播间，感觉好像一眼望不到头。需要在选取角度时优先选择斜角，有的空间过于狭小也可以通过制作有画面空间感的 KT 板放在身后增加视觉纵深。

（4）要足够清晰。所有直播间都绕不开展示效果，带货数据好的直播间美颜滤镜开得很小甚至不开，就是追求极致清晰。一旦开了美颜，一定会模糊。另外，想要高清效果，灯光甚至比设备还要重要。一般布光为人物左右前方各放一盏球形灯，人物身后放一盏暖光的轮廓灯。这是直播间常用的三点布光法。

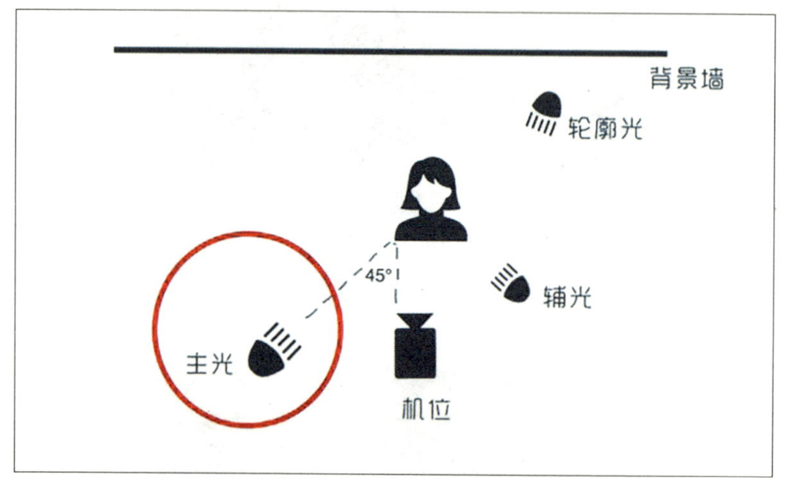

直播间的三点布光法

以上这几个原则是直播间画面的基本盘。在开播前先问自己，直播间里面有没有层次？后面有没有堆砌有用的元素？直播间内是否构建了一个高纵深高穿透的场景，以及直播间画面是否清晰？

6.3.2 直播间的软装道具

直播间的软装道具，也就是前文在讲直播间拟人化时提到的“元素道具”。

直播间元素道具，就是指在直播间中除主播之外，可以帮助贡献互动或推进直播流程的小道具，除了环境和画面布置之外，还包括各种贴纸、KT 板以及其他助于创造更生动弹幕和评论的工具。

在使用这些元素道具时，需要注意一些细节。并不是每个元素都需要高清图片，比如有些情况下只需要一位助理工作人员在后面晃动 KT 板，向观众展示需要的信息，也能够吸引观众的注意。这种小动作可能只在短暂时间内产生效果，但是能够创造出更多的互动，为直播间带来更多流量。

另外，直播间中的优质评论和弹幕完全可以借助直播间道具来引导，比如在主播头顶上吊一个钢丝绳或使用传送带，顺利地将 KT 板传输到观众面前。即使使用手机直播的方式，也能够通过这些小工具实现绿幕直播的效果。

因此，在直播间中软装道具的运用要考虑到细节，以此来打造一个更加生动、吸引人的直播间。

元素道具具体分类到直播间布景设计中，分为视觉道具、听觉道具、信任道具。下面逐一分析。

6.3.2.1　视觉道具

视觉道具一般包括转盘、提示板、手举牌、贴纸。

1. 转盘

在直播间中，转盘是一个常见的工具，但是需要注意以下几点。首先，不能使用转盘进行违规的活动。在直播间中，我们有时发现一些主播会说今天有特殊活动，但是不会告诉大家究竟能够得到什么。在这种情况下，容易让观众生疑，造成不良影响。因此，使用转盘时需要明确告知观众，究竟能够得到什么样的福利。其次，转盘不应该用来进行抽奖，因为这容易造成违规。最好的做法是将转盘用来转动展示今天卖的特定商品，然后提供一些优惠活动，例如说“今天买二发三”或者“今天买这个产品，送你一个 ××”。在这些活动中，有些奖品价值较高，而有些则相对较低，但是它们都能够增加用户留存时间，提高直播间的互动率。

直播间转盘样式示范

2. 提示板

提示板是一个不错的主播工具，因为手写的提示板能够给人留下认真、可信任的印象。但是，字最好要写得好看一点。这样提示板会让观众感觉活动是实时发生的，从而增加实时感和参与感。很多做课程直播的人也喜欢使用提示板，因为在提示板上展示的信息能够让观众或听众感觉这是当下才有的，增强参与价值感。我们评估了很多直播间场景，发现用提示板写上“仅限今日”，能够让观众产生更高的信任感。

当使用提示板时，需要注意提示板与直播间场景的融合程度。在白色风格的直播间中，使用提示板往往较为合适。如果盲目使用提示板，可能会给人留下直播间格调不高、组织不佳的印象，因此需要注意，不要盲目使用提示板。

直播间提示板示例

3. 手举牌

手举牌不仅可以让单一的直播间气氛变得活跃，还可以起到很大的引导作用。现在直播领域这么“卷”，能快速留下观众才是关键。所以很多主播会准备一些引导性话术，但并不是时时刻刻都会在进行话术引导。那么这时手举牌就派上很大用场了（而且前期不好意思开口的主播也可以直接借助手举牌）。

在手举牌的挑选上要注意这几点：

（1）手举牌材质。普通 KT 板就足够用，虽说耐用性差一些，但直播间道具本身也需要经常性更新迭代。

（2）是否镜像。如果是用前置摄像头直播，可以选择镜像的手举牌或关闭镜头镜像避免影响观众阅读于举牌上的内容。

（3）手举牌质量。主要注意边缘是否流畅，图案是否清晰。

直播间手举牌样式示范

4. 贴纸

贴纸要素，在直播中很常见。但是，使用贴纸时需要注意以下几点：

（1）贴纸不要挡住太多的内容，颜色和背景风格要一致。

（2）如果贴纸上有福利、优惠券等信息，那就需要让它们更显眼，以吸引观众关注。如果贴纸不明显，不如不放。

（3）通常贴纸可以放在左右两侧。如果主播头顶是横标题，则左右的贴纸一般是放置限时活动，即整个直播期间推广的活动。这是常见的放置贴纸的注意点。

（4）在主播背后还可以放置正在推广产品的大幅照片。

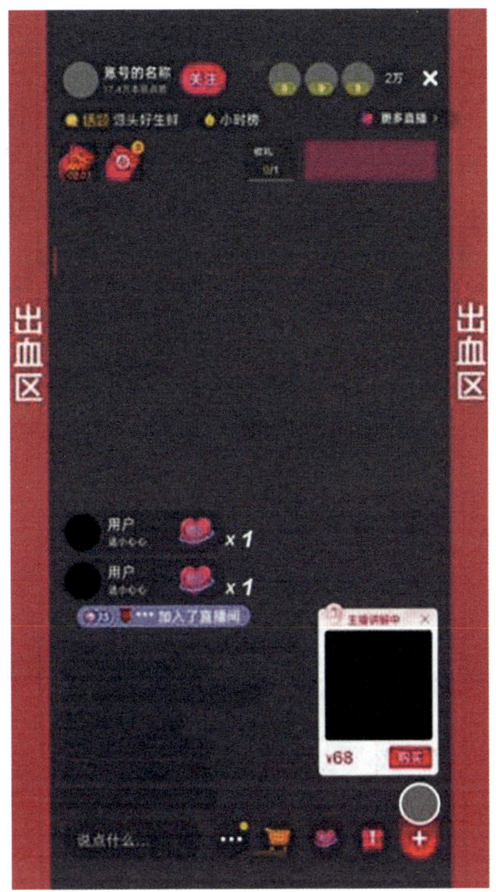

直播间贴纸构图示范

6.3.2.2　听觉道具

其实每个直播间都像是一个密闭的空间，通过声音、画面等让观众充分沉浸在我们想要打造的转化场里，然后再通过主播的引导，达成最终的购买。声音作为沉浸感中的重要一环，除了合适的背景音乐，还可以配合有引导铃、副播场控等团队成员的配合音。

直播间引导铃示范

6.3.2.3 信任道具

直播间成交的底层逻辑是信任。优秀的主播不只是说，还会配合各种实验及展示来验证自己所说的内容。这里会应用到的道具包括：品牌 Logo、实验证书、场景化演示、用户好评反馈等，以达到放大背书的效果。

直播间的环境是吸引观众的第一环，也是使观众对直播间建立信任观感的首轮信息。如果觉得直播间流量少、转化差，不知道如何下手优化，那就先从直播间画面入手，无论什么时候都是有效果的。不过也不要认为获得了优秀直播画面就可以以逸待劳，行业竞争及平台发展要求直播间需要不断优化迭代，不断增强观众对直播间的信任，不断提高成交可能。

直播间场景要定期迭代更新

第 7 章 通用数字人直播流程设计

前几章内容中，我们介绍了数字人直播带货的选品、话术和布景方面的实操指南，本章将讲解直播带货的整体流程的操作，设计通用的数字人直播流程，让你有更清晰的整体思路。

播前准备

内容准备
目标准备
流程规划
话术准备

产品准备
产品熟悉
产品组合
产品链接

流量准备
视频准备
投放准备
流量结构

人员准备
前端人员
中端人员
后端人员

后勤准备
场地准备
网络准备
设备准备

播后复盘

复盘逻辑
P 计划
D 执行
C 自检
A 优化

复盘目的
自检自查
沉淀方法
发现问题
调整改进

数据维度复盘			
成交	千次展现成交金额	单场GMV	
粉丝	粉丝占比	新增粉丝	转粉率
转化	点击率	转化率	退款率
停留	停留人数	停留时长	

直播间直播流程图

7.1　播前准备

7.1.1　准备直播内容

提前准备好直播内容十分重要，这直接关系到观众对你直播的兴趣和关注度。根据观众的需求和兴趣点，结合数字人直播的特点，选择合适的直播主题，提高观众的观看和传播意愿。首先要明确以下两点：

（1）直播目标。一定要有一个直播目标，就是这一场直播是为了涨粉、是为了留资，还是为了在线？所以说就要奔着这个目标去做。其次，比如想把停留量提上来，直播间就需要有一些福利活动在里边。所以一场直播在直播前一定要去定一个数据的目标，在直播的时候，你可以就奔着这个目标去做这一件事情，下播之后看有没有在做这个事情的同时，看数据有没有提上来。

（2）直播前规划好直播流程。比如 2 小时的直播中，10 分钟时可能需要发一个福袋，福袋的口令设置等都要提前考虑和设计，写在直播脚本上并设置好相关程序；再比如结合直播内容和特点预先想好关键词、屏蔽词等。

直播前充分准备内容，使产品信息详细、清晰，并做好细节预案，让直播内容翔实丰富的同时，又避免直播中可能遇到的问题和失误。

7.1.2　准备直播话术

提前准备好直播话术脚本，以便于直播时驱动数字人。以下是写好话术脚本的几个关键点。

1. 确定主题，做好准备

在进行直播前，选取具有吸引力的主题并对该主题进行充分的准备，提前了解该产品的各方面情况，如产品特点、产品价格、背书信息等，对该产品信息进行归类、梳理，制定好直播内容的整体结构。

2. 突出卖点，简洁明了

直播语言要突出表达产品的卖点，同时尽量要简洁明了、直击重点，让观众能迅速接收到有效信息，了解产品的优势。

3. 案例丰富，生动形象

为了让观众更直观地了解到产品，并对产品产生购买欲望，需要用生动形象的案例来阐述关于产品的观点和价值主张，打磨产品卖点，让这些卖点的呈现方式更加形象、新颖。

4. 用口语化语言与观众互动

在直播过程中，语言要尽量口语化，避免使用过于专业的词汇。语言风格可以根据产品类型和特点调整，以让观众舒适愉悦并能调动情绪为原则，使直播过程更加亲切、容易被观众接受。同时，也要注意与观众建立良性互动，及时回答观众的疑问，增加观众与主播的互动性，让观众有更好的体验。

5. 观点鲜明，见解独特

相信很多观众在看了一段时间直播以后，都会对产品的卖点、特点产生自己的见解。为了提升直播的质量，主播也应该有自己的看法和见解，以此表现自己和直播间的个性和特点，展现出不一样的魅力，让观众在观看直播时能有不一样的体验。

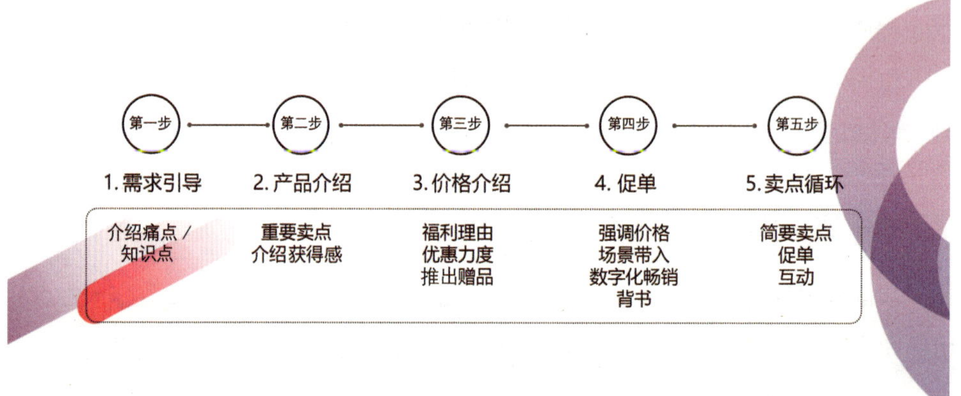

产品介绍五步法

卖点拆分示范

7.1.3　安装直播设备

当你要进行直播活动时，确保之前已经将直播设备安装好并进行测试是非常重要的，可以避免出现意外情况，让直播活动高效、稳定、顺畅，让你的直播带货更顺利地进行。以下是关于如何测试设备、网络及数字人后台流畅程度的一些具体做法。

1. 测试设备和网络是否卡顿

在直播之前，最好提前进行网络测试，可以用直播设备上已经预装好的软件访问网络，确保网络连接稳定可靠。运行直播平台软件并观察是否存在卡顿、延迟等现象，如果有，则需要检查网络设置或者更换网络线路。

2. 测试数字人后台是否流畅

数字人后台是进行直播活动的核心，因此必须确保其运行流畅。可以在直播之前，模拟直播活动，测试数字人后台的各种功能，如直播界面、交互界面、个人信息管理等，测试这些功能是否能够正常使用，是否存在卡顿、延迟甚至崩溃等现象。如果发现任何问题，应及时与技术团队联系解决。

7.1.4 准备直播贴片

本书作者之一七七的数字人直播间贴片示范

1. 提前选定好贴片内容

在直播之前，要提前选定好要插入的直播贴片内容，比如购买福利、到店礼、背景视频等，这些内容应该与直播主题直接相关，并且要符合观众的兴趣点。这样才能有效吸引观众的注意力，提高直播的曝光率和转化率。

2. 提前制作好贴片素材

为了确保直播贴片的效果，直播贴片素材应当提前制作好，包括视频、图片、文案标语等。比如进行房产直播带货前，可以准备好小区环境、周围环境和配套设施（交通、教育、商业设施等）的视频素材，剪辑好后放到背景视频中。当然你也可以考虑将贴片素材交给专业的制作公司来制作，以确保更好的质量和流畅度。

3. 提前与产品方及直播平台协调

贴片内容和形式需要提前与产品方及直播平台协调一致，确保直播贴片的时长、位置、内容都与平台要求相符，以达到最佳呈现效果，为直播活动带来更大的增值效果和更好的用户体验。

直播间链接示范　　直播间留资卡片示范

7.1.5　设置购买链接

1. 提前将购买链接设置好

直播间设置购买链接是为了将直播内容与产品销售结合起来，提供便捷的购买渠道，促进实时销售。以下是直播间设置购买链接的一些作用：

（1）便利观众了解和购买。在直播过程中，观众可能对展示的产品产生兴趣，这时点击购买链接可以直接转到产品详情页或电商平台，展示更多产品信息，包括产品描述、规格、价格、用户评价等。观众通过详细的产品信息，能够更好地了解产品特点，增加购买的意愿。

（2）增加购买决策速度。在直播中，产品展示和讲解能够激发观众的购买欲望。如果没有购买链接，观众需要自己寻找购买渠道，这可能会导致购买决策的延迟。

而购买链接能够直接让观众进入购买环节，省去了搜索、浏览等烦琐步骤，加快了购买决策速度，减少了转化路径上的阻碍。这样一来，购买链接能够有效提升销售转化率，增加实时销售收入。

（3）方便数据跟踪和分析。通过购买链接，抖音和商家可以追踪观众的点击量和购买行为等数据，帮助分析用户喜好、行为习惯等，优化产品推广和销售策略。购买链接提供了便捷的途径，使数据跟踪和分析更加准确和可靠。

（4）建立品牌关联。购买链接可以直接将直播内容和产品进行关联，提高观众对产品和品牌的认知度。当观众在购买链接中购买产品时，也进一步巩固了品牌与购买者的关系。

总之，通过设置购买链接，提供更多产品信息，可以方便观众购买操作，提升销售转化率，增加便利性，便于数据追踪和分析，以及建立品牌关联。这些好处能够帮助商家在抖音直播中提高产品销售效果。因此在直播之前，应该提前将直播间购买链接设置好，并在直播中进行宣传和引导，以鼓励观众参与互动。此外，也可以在直播中设置定时器，每隔一段时间就提醒观众去购买，来进一步提高转化率。

2. 认真对待留资数据

在直播活动结束后，要认真对待留资数据，即观众点击访问产品时注册或登记的信息。这些数据可以用于分析观众的兴趣点、需要和偏好，以更好地调整后续的直播内容和互动形式。同时，也需要及时与留资观众进行沟通和联系，与其建立更好的关系，提高用户黏性和转化率。

所以留资操作也是直播互动的重要组成部分，提前将小风车留资链接设置好，并在留资界面上标注补贴及优惠、到店礼品等，可以提高直播的互动性和留资效果。

7.2 直播中

7.2.1 直播话术应用

抢购氛围	来，我们倒数十个数，给大家上链接！来，你们去抢的时候一定要一直刷新，你们点开看到，它亮了之后，你就一直提交，不要换地址，一直提交，直到付款就好了
正品保证	很多人问是不是正品，我们直播间全部正品保障，支持你录音和录屏，我们对自己说的每一句话都负责
库存告急	数量有限，还剩xx份，大家想要一定要及时下单，自己用、给爸妈用都合适，这个价格错过了可就没有了
价格优惠	今天下单我送你…… 某宝价格跟我们一样，但是他不送你任何福利
售后服务	我们直播间给到大家，顺丰包邮不是重点，运费险不是重点，重点是官方认证、只卖正品，服务无忧
催促付款	来！没有付款的宝贝抓紧时间付款啦。数量不多，运营清一下没有付款的订单，给没有拍到的姐妹们留下库存，库存已开，大家刷新去拍

话术示范

话术在直播中非常重要，它可以帮助主播更好地驱动数字人进行直播，引导观众产生兴趣并且提高直播的吸引力。建议提前熟悉话术，尽量做到脱稿，避免出现读稿严重的问题。

以下是一些关于直播话术的建议。

1. 提前熟悉话术

在直播之前，主播应该提前熟悉话术。尽可能弄懂话术中涉及的产品和服务的优势、特点，以便在直播中更好地向观众描述和介绍。此外，也要考虑观众群体的兴趣和特点针对性地制定话术。

2. 尽量做到脱稿

在直播中，主播应该尽量做到脱稿。如果过度依赖脚本或直接读稿，会影响直播的流畅度和可信度。因此，在提前熟悉话术的基础上，可以通过模拟直播、自我练习和反复打磨来帮助自己更好地理解和掌握话术。

3. 根据实际情况进行调整

在直播中，也需要随时根据观众的需求、反馈和实际情况进行话术的调整。如果发现观众对某个话题不感兴趣，可以立即切换话题，引导观众转移到更感兴趣的方面，从而提高直播中观众的参与度和互动度。

综上所述，话术在直播中是非常重要的，主播应该在直播之前熟悉话术，尽量做到脱稿，并根据实际情况进行调整，不断优化直播的质量和效果。

7.2.2 实时回复

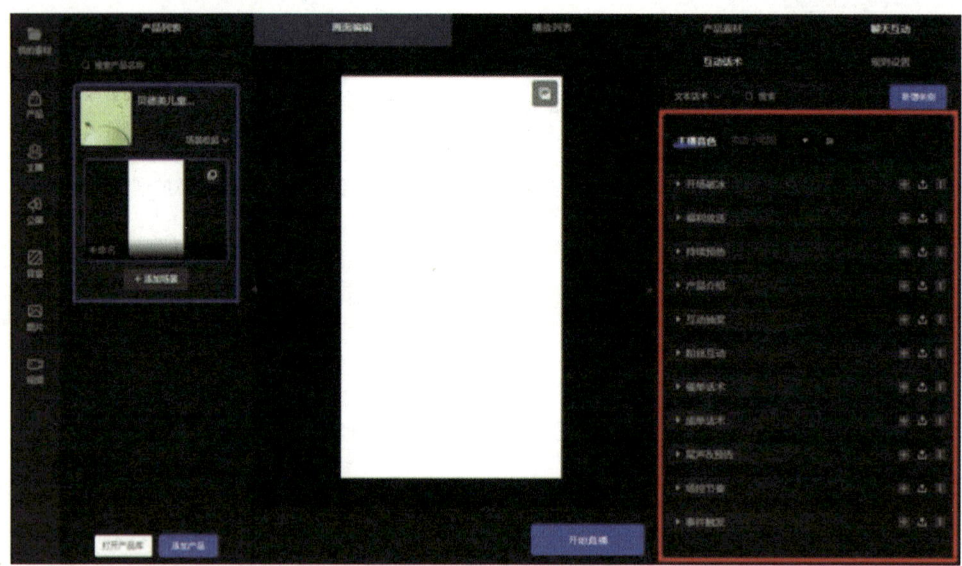

数字人后台互动功能示范

在直播中，可以通过实时驱动数字人来与观众进行互动，回答观众的问题、提供解答和建议，从而提高直播的观众参与度和互动性，并且数字人有着更长的互动时间和更充沛的精力。如果有观众针对当下产品提出问题，数字人主播可以点对点进行回复。

以下是一些与观众互动的建议。

1. 点对点回复观众提出的问题

当有观众提出问题时，可以通过点对点回复的方式给出答案或建议。主播在驱动数字人时要及时且准确地理解观众的问题，给出相应的回答，并尽量以简洁、易懂的语言向观众解释问题。

2. 自问自答引导互动

如果某一时段内没有观众提问，数字人也可以围绕产品或相关话题采用自问自答的方式进行互动。数字人可以在直播中向观众发问，例如“大家知道房子最大可以买多少平方米吗？”，然后给出合理的解答，引导观众参与答题互动，及时抓回观众注意力，增加观众的参与感和互动性，保持直播间的热度。

3. 提出问题和制定相应策略

在数字人直播之前也应该根据直播主题和观众需求提出问题和制定相应的策略，引导观众进行互动。可以在直播中引用一些最近的热点话题或事件，提供更多的讨论空间，让观众获得更多的乐趣和参与感。

7.2.3　直播中注意事项

直播中有以下几个注意事项。

1. 保持良好的音视频质量

直播时需保持良好的音视频质量。因此要选择高清晰度、稳定性好的视频传送设备，并确保网络和直播平台的稳定性。在直播中可能会面临网络不稳定、摄像故障等各种突发状况，需要及时解决，保证直播的流畅性和完整性。

2. 展示高质量的内容

在直播过程中应该展示高质量的内容，即信息丰富、专业性强、具备独立思考性和评论能力突出的内容。通过精心的策划、优质的内容，来提高观众的黏性和留存率。

3. 保持真实性和诚信度

在直播过程中，主播要始终保持真实性，用真诚、热情和专业的态度使观众建立信任。过度吹嘘、夸张或虚假的信息，会影响观众的信任度，并有可能被直播平台封禁或处理。

7.3　播后复盘

数字人直播后复盘可以帮助主播提高话术表现和直播质量，下面列举一些应该复盘的内容：

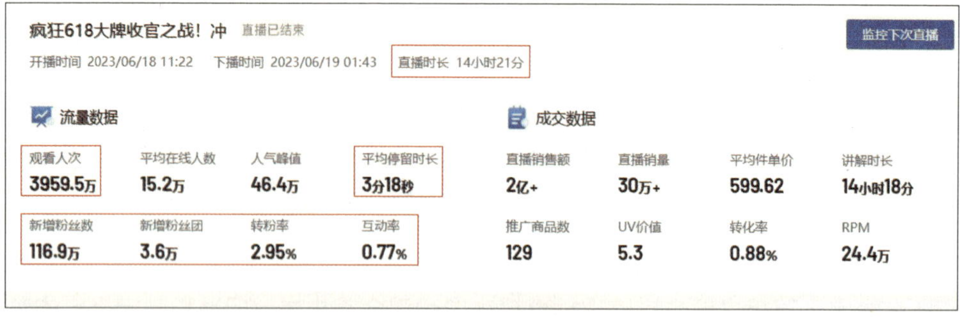

流量与成交数据截图

整体数据　　导出数据

直播线索量	直播广告消耗	直播线索成本	直播互动率
78	0元	0元	2.58%
近7日本账号中位数0	近7日本账号中位数0元	近7日本账号中位数0元	近7日本账号中位数0.00%
直播线索转化率	**直播平均在线人数**	**直播人均观看时长**	**直播最高在线人数**
1.99%	14	21秒	33
近7日本账号中位数0.00%	近7日本账号中位数0	近7日本账号中位数0秒	近7日本账号中位数0
直播进入私信次数	**直播引导私信24小时留资次数**	**货架服务曝光次数**	**货架服务点击次数**
0	0	0	0
近7日本账号中位数0	近7日本账号中位数0	近7日本账号中位数0	近7日本账号中位数0

后台整体数据截图

7.3.1　直播数据分析

要对直播数据进行分析和统计，包括直播时间、观看人数、观看时长、互动。分析这些数据可以了解到观众对此次直播表现的态度，从中找到改进方法，进一步提升直播质量。

1. 分析直播时间适合度

分析直播时间的适合度，即通过观众的参与度和在线人数来判断直播时间是否合适，从而选择更合适的时间开播，更好地吸引流量和潜在观众。

2. 分析观看人数和观看时长

分析观看人数和观看时长，以了解观众对直播的兴趣和满意度。如果观看人数较多且观看时长较长，说明直播有吸引力，观众对相关内容或产品感兴趣；而如果观看人数较少且观看时长也普遍很短，可能说明数字人直播内容或形式需要进行改进。

3. 分析互动情况

从直播平台的直播评论区、私信、直播互动场等地方分别收集观众的反馈和意见，分析观众的互动情况和数据，包括观众的互动频率和形式、留言信息的关注点，等等。可以通过分析互动数据，了解观众的需求和兴趣点，这样就能够在下一次的直播中运用更好的直播话术以及直播间背景，为观众打造更好的直播体验，提高观众的参与度和满意度，也为直播间打开知名度，吸引流量。

7.3.2 主播自身总结

驱动数字人的主播，应该在每次直播后对自己的表现进行总结和分析。另外也需要运营对主播的话术驱动进行复盘。了解主播在直播时的表现，找出问题点和做出改进，在下一次直播中提升。

1. 回顾直播内容和表现

主播可以回顾直播内容和表现，在自己的表现中找出问题和优势。主播可以思考自己的表现是否符合直播的需求和目标，是否存在废话过多、话术单调重复、语法错误等问题。

2. 分析话术和互动方式

主播也需要分析自己的话术和互动方式。主播可以回顾每次直播中的互动情况，了解观众最关心的话题和问题，并根据这些话题和问题来制定相应的话术和互动策略。在分析话术时，主播需要掌握优秀的口才技巧和情绪控制能力，调整互动策略并努力增加与观众的互动次数。

3. 进行复盘和组织集训

主播还可以让运营人员帮助对自己的直播表现进行复盘和分析。运营人员可以从专业角度帮助主播看到自己在直播中的问题和优势，提供更具有针对性的建议和指导，还可以根据实际需要组织主播集训，帮助主播进一步提高自身能力。

7.3.3 直播过程总结

建议在回顾和总结直播过程时，进行可视化统计和记录，主要记录直播间人数升降及对应时刻主播的话术和动作。人数上升时可参考的话术、可采用的互动方式，都可以总结汇总成主播的直播技巧，在直播实战中反复运用。

1. 记录直播间人数变化

在直播过程中，主播可以使用一些直播工具或软件来记录直播间的人数变化。例如，可以记录每 5 分钟的在线人数和当时时段的互动话题。这些数据可以直观展现具体时段主播展示和互动时的效果，为下一次直播提供参考。

2. 记录主播的话术和互动方式

在回顾直播过程时，主播可以详细记录自己使用的话术和互动方式，尤其是人数上升时的话术和互动方式。例如，如果在某个讨论话题上获得了一定的关注并获得观众的积极参与和分享传播，主播可以将这个话题和互动方式记录下来，并在以后的直播中强调和使用。

3. 汇总生成可视化数据

主播将上述数据进行可视化汇总，帮助主播直观回顾和分析每次直播情况。比如，可以制作记录自己的表现和直播效果的表格。在表格中，可以记录直播时段、在线人数、话术和互动方式等信息，以便进行分析和反思。主播可以用一些统计软件来制作这些表格，还可以在表格中用一些图片和图表进行可视化展示。

总之，直播后复盘应该全方位进行分析，从数据、观众反馈、主播自身的总结等方面进行复盘，从而不断提升主播的表现力。

第 8 章 数字人经济的伦理与法律边界

随着科技的飞速发展，数字人技术日益普及并在多个领域得到应用。但是，数字人技术在收集和处理个人数据（尤其是生物识别数据如面部信息、声音信息）时，会涉及一系列肖像权、名誉权、虚拟财产等问题，其应用边界还需要我们深入探讨。

首先要明确，数字人不是自然人，在现行的法律框架内，数字人不具有法律人格（也称法律地位），也就无法享有法律规定自然人或公司等主体享有的姓名权、名称权、肖像权、声音权和名誉权等权利。

但是，数字人的仿真能力，已经达到可以以假乱真的程度，所以数字人可构成对自然人人格权的映射。以肖像权为例，在众多明星肖像权案件的审理中，法院均指出只要角色形象或数字人形象与明星本人肖像存在可识别关系，则该形象受该自然人肖像权统摄。并且，根据《民法典》相关规定，声音享有与肖像同等的权利。

所以，不管是真人驱动数字人还是声音驱动数字人，在项目的开发和运营过程中，要尽可能提前处理好关于相关自然人形象、声音、姓名等人格元素的相关授权问题。在很多国家和地区的法律法规中，对公众人物的肖像权的使用都有所限制，在大部分情况下，未经授权使用他人肖像可能会引起法律纠纷。例如欧洲，已经有严格的数据保护法规，如《通用数据保护条例》（GDPR）中要求在收集和处理个人数据时必须得到用户的明确同意，并对数据的使用、存储和分享进行明确规定。如果数字人技术在没有得到用户同意的情况下收集和使用这些数据，可能触犯相关法律。

那么对虚拟形象造成侵害，比如侮辱或诽谤是否会被认定为损害相关自然人的名誉权呢？司法实践认为，指向游戏名称、网络名、新浪账号、虚拟形象等的侮辱或诽谤行为，同样会使其代表的自然人名誉受损，从而构成对名誉权的侵犯。

这里需要注意的是，司法实践描述的场景与数字人实际运营中的场景有一定的差异，因为游戏名、网名、个人账号这些内容是与自然人有实际对应关系的，而对于数字人来说，行为人是否可以认为，其侮辱或诽谤的行为只针对数字人，并且数字人的名称也有一定的变动（比如将张小明的数字人称呼为明仔，将张小花的数字人称呼为花宝），而不针对实际自然人呢？毕竟，数字人并无名誉权，从而不构成侵权。在“迪丽热巴与肖俊丽网络侵权责任纠纷案 [（2019）京 0491 民初 35949 号]”中，我们可以找到一些参考思路。对该案，法院认为：由于粉丝与明星有特殊的牵连关系，故在此情形下，被告对原告粉丝群体的恶意攻击同样是对该明星的侮辱，构成对该明星名誉权的侵犯。也就是说，数字人与自然人可能被认定存在关联关系，因此对数字人的侮辱或诽谤行为，可能会构成对相关自然人的名誉权侵犯。

换个角度，如果数字人的所有方主张把数字人视为可以带来使用价值和交换价值的商品，进而认为“对数字人的侮辱、诽谤视为构成对其商品名誉的侵犯”呢？

数据和网络虚拟财产是一类特殊财产：

（1）在法律上具有可支配性和排他性。

（2）数据和网络虚拟财产具有经济价值。

（3）虽然数据和网络虚拟财产本身是无形的，但是它们在网络空间中也是一定的“有形”存在。

《民法典》第一百二十七条规定：法律对数据、网络虚拟财产的保护有规定的，依照其规定。

数据财产权是指民事主体对其持有的数据进行利用（处理）、获取收益以及依法占有、处分的对世性财产权利，任何组织和个人负有不作为的义务，没有法定的权利不得限制、干预、侵害他人数据财产权。数据财产权是一种与物权、知识产权相并列的新型财产权利。《民法典》对数据财产权保护的模式和具体规则等未做出具体规定，但是《民法典》第一百二十七条设定了指引规定，为将来的数据财产权立法留下空间。

以《民法典》第一百二十七条的规定为基础，我们可以认为，数字人虽不同于具有法律人格的自然人，但数字人应当被认为是网络虚拟财产。如果从商品财产角度看，数字人的所有方可以主张数字人为其商品，其与数字人存在利害关系，进而主张对数字人的侮辱或诽谤构成对其商品名誉的侵犯。

数字人技术及应用作为新兴业态，在我们目前的知识产权保护体系中还有一定的立法空间。2023 年杭州互联网法院宣判的数字人侵权案，为目前我国首例，该案件的判决引起了业界的极大关注，也为以后的此类纠纷确定了部分规则。这一定程度上规范了行为人对数字人的合理使用范围，也保障了数字人开发者、运营者等的相关利益。

案情回顾：

2019 年，上海魔珐公司运用人工智能及相关领域技术打造了超写实数字人 Ada，通过公开活动发布亮相，并于同年 10 月、11 月通过哔哩哔哩弹幕网发布两段视频，一段介绍了数字人 Ada 的场景应用，一段记录了真人演员徐某与数字人 Ada 的动作捕捉画面。

2022 年 7 月，杭州某网络公司通过抖音账号发布了两段视频被诉侵权。两段视频在画幅居中位置使用了 Ada 的这两段视频，并在视频中添加数字人课程的营销信息，还在片头片尾替换了魔珐公司的有关标识。其中一则视频的片段中还添加了该网络公司的注册商标，并将其他数字人名称写入视频标题中。

原告魔珐公司诉称，杭州某网络公司的上述行为侵害其对于美术作品、视听作品的信息网络传播权，侵害录像制作者及录像制品中表演者的信息网络传播权，并构成虚假宣传的不正当竞争行为，要求消除影响和赔偿损失。

但杭州某网络公司辩称，魔珐公司不享有相关权利，且自己未因发布这些视频而实际获利，其行为不构成侵权。

承办该案件的杭州互联网法院认为，主要争议有三点：

（1）对数字人 Ada 著作权及邻接权的认定。

（2）数字人 Ada 的形象及相关视频是否属于著作权法保护的客体，魔珐公司是否享有录像制品的表演者权。

（3）著作权侵权及不正当竞争行为是否成立。

1. 数字人是否可以成为著作权的主体

就数字人在我国发展现况来看，其智能驱动接近于人工智能，目前还在发展探索阶段；数字人实现交互依靠创造者所输入的算法指令，其运算能力、学习能力均来自创造者。

数字人创造出的作品具有独创性，其作品本质上也是对于创造者指令的反映，在某种程度上，数字人仅是其创造者进行再创造的工具。数字人背后的运营者是必不可少的参与主体，数字人所进行的 " 表演 " 实际上是对真人表演的数字投射与技术再现，其并非著作权法意义上的表演者，不享有表演者权。因此，以 Ada 为代表的、当前社会中绝大多数的真人驱动型数字人，在当前的著作权法律体系的框架下，不享有著作权与邻接权。

2. 数字人的形象及相关视频是否可以成为著作权所保护的客体

涉案的数字人 Ada 并不是对某一特定自然人的数字分身，属于合成角色，其形象的生成过程包括创建静态三维形象、建模与智能绑定，再通过算法指令或真人驱动的方式实现动态效果。数字人 Ada 的表现形式借鉴了真人的体格形态，在此基础上，通过虚拟美化手法对线条、色彩、具体形象进行加工修饰，体现了作者独特的美学选择和判断，符合独创性的要求，构成美术作品，使用 Ada 形象的相关视频构成视听作品和录像制品。魔珐公司享有上述作品的财产性权利及录像制作者权。

又因 Ada 由徐某真人驱动，其神情和动作都是徐某的数字投射，而并非在徐某的表演基础上所产生的新的表演，此时徐某符合表演者权的主体要件，且徐某为魔珐公司的员工，徐某的表演属于职务表演，因此应当由魔珐公司享有表演者权中的财产性权利。

3. 杭州某网络公司是否构成侵权与不正当竞争

杭州某网络公司发布两段被诉侵权视频的行为均符合信息网络传播行为的构成要件，构成了对视听作品信息网络传播权和美术作品、录像制作者及表演者的信息网络传播权的侵害。该公司借用 Ada 的视频，为其数字人课程引流，并在视频中将魔珐公司的标识替换为其自己的商标，将 Ada 标注成其他数字人名称，影响消费者理性决策，扰乱市场秩序，直接对魔珐公司的商业利益造成损害，构成虚假宣传的不正当竞争行为。

最终判决结果：

杭州互联网法院认为，在杭州某网络公司发布的两段被诉侵权的视频中，一段视频构成对视听作品信息网络传播权的侵害，另一段视频构成对美术作品、录像制作者及表演者的信息网络传播权的侵害，且该公司在视频中对于有关标识的信息内容进行删改并替换成其自己的商标，影响消费者理性决策，扰乱市场竞争秩序，直接损害了魔珐公司的商业利益，构成虚假宣传的不正当竞争行为，判决其承担消除影响并赔偿损失（含维权费用）12 万元的法律责任。

那作为数字人的开发者、运营者等，该如何通过法律途径来保护自身相关权益呢?

根据肖飒法律团队发表的《数字人相关权益保护》一文，我们可以从感知层面和技术层面来对数字人权益进行保护。

首先是感知层面：通过形象设定与剧情设定打造可被人类感官感知的元素，如角色名称、视觉形象设计、服饰及周边搭配场景设计、声音、出场音效、特殊口号、背景音乐、剧情设定中的数字人的日常言行及爱好和特长等方面的设计。

（1）商标。《商标法》规定，任何具有识别商品或服务来源的文字、图形、字母、数字、三维标志、颜色组合和声音等，以及上述要素的组合，均可以申请为商标。也就是说数字人名称、形象、声音等，只要可能具有识别来源的功能，都可以尝试进行商标申请，甚至，随着 5D 概念的发展，数字人或许还具有某种可识别性气味，并申请气味商标。当然，数字人最常见的识别标志还是名称，而名称商标的申请也一直被认为是产业布局的第一步。对数字人这样的综合性 IP 来说，以名称注册商标或形成与角色形象的彼此辐射，可进一步增强保护效果。需要注意的是，根据相关法律法规要求，商标申请人应按照商标局制定的《类似商品和服务区分表》（下文简称“《区分表》”）进行申报，既可以申报标准名称，也可以申报未列入《区分表》中的商品和服务项目的非标准项目。对于数字人相关产业来说，《区分表》往往无法涵盖所有业务，因此，申请人应格外关注非标准项目：一方面，在申请前充分调研是否已存在数字、虚拟、人工智能等包含数字人产业相关术语的项目；另一方面，根据自身业务需求，积极充分地提供相关说明或支持文件，结合商标局的商品服务分类规定，申请具体、准确、规范的非标准项目。

（2）著作权。整体来说，视觉元素、听觉元素乃至于剧情设定文本若满足独创性等要求，则均可获得著作权法的保护。

对于数字人来说，核心的视觉元素是数字人自身形象。目前，我国法院基本认为“只要是作者独立创作、具有最低限度的审美意义，且不属于公有领域的惯常表达，均应视为满足了作品的独创性要求”，因此数字人形象被认定为美术作品的难度不大。

（3）NFT 数字藏品，即非同质化通证。在中国互联网金融协会等三协会在 2022 年 4 月发布的《关于防范 NFT 相关金融风险倡议》中，NFT 被称为“非同质化通证”。“通证”二字精准体现了 NFT 在确定数字内容权益方面的作用。上文提及的商标与著作权，相关权利凭证由有关部门发放，而对 NFT 权利的保护则依赖于区块链相关技术——项目方可通过智能合约，在数据层面被确认为 NFT 的底层数字内容的创建者与所有者，并追踪后续交易的整个流程。

首先在法律层面，著作权是自作品完成即自动产生的，通过作品上链，至少在证据层面可证明项目方在特定时间点已持有相关作品，若嗣后权属发生争议，NFT 也可作为初步权属证据提交。

其次在技术层面，数字人的制作包含人物生成与人物表达。通过人物生成，数字人具备了近似于真人的外形特征。通过人物表达，数字人具备了类似于真人的声音和表情。互动层面包含合成显示、识别感知、分析决策，这些技术让数字人具备交互性，以满足客服交流、游戏交互、虚拟偶像现场互动、直播等强交互活动的需求。

对技术层面的保护包含两个方面：第一方面为实体方面（技术产生的实体成果），第二方面为信息方面。在实体方面，若相关成果能够满足专利法的要求，可尝试申请外观设计专利、实用新型或发明专利。而相对比较棘手的是信息层面，尤其是算法。算法是指“对解题方法的精确描述，是对被组织在一定数据结构中的数据进行的一串处理和操作，以解决一定问题的方法和过程”。因此，算法常被认为是一种智力活动的规则或方法而无法获得专利法的保护。对此，2021 年 1 月 15 日起施行的新修订的《专利审查指南》中明确规定：“如果权利要求涉及抽象的算法或者单纯的商业规则和方法，且不包含任何技术特征，则这项权利要求属于专利法规定的智力活动的规则和方法，不应当被授予专利权。如果权利要求中除了算法特征或商业规则和方法特征，还包含技术特征，该权利要求就整体而言并不是一种智力活动的规则和方法，则不应当依据专利法排除其获得专利权的可能性。”因此，若以算法为开发手段和技术方法来解决某一技术问题的，可在申请书中说明其包含的技术特征，以争取方法专利保护。

另外，要谨防不当营销。由于超写实数字人高昂的运营成本，在数字人身上附加品牌内涵、与品牌进行商业合作、带货直播流量变现也是目前的常规操作。但是，如果数字人运营团队在营销中通过杜撰不实内容以吸引眼球，有涉嫌虚假宣传、虚假广告的嫌疑；如果导致他人的人格权、名誉权遭受损失，很有可能触犯广告法，或构成侮辱罪或诽谤罪。所以在数字人的运营中依然存在着法律风险。

最后，数字人技术也可能引发欺诈问题。深度伪造是数字人技术的一种应用，能够制作出逼真的虚拟影像或语音，这有可能会被用于欺诈和诽谤，不仅可能损害被伪造者的声誉，也可能误导公众，对社会秩序构成威胁。

目前，数字人行业还处于飞速发展阶段，完善相关法律法规仍是当务之急，任重道远。对于开发者、运营者、使用者等来说，必须树立足够强的风险防范意识，才能合理保障自身的合法权益，同时也需要业界同行共同维护数字人市场的可持续发展。

附录 A 六大行业数字人直播话术

A.1 美妆护肤产品数字人直播话术示范

A.1.1 以卖精华液为例

某品牌精华液产品展示图

引出需求：

欢迎所有来到咱们直播间的宝贝们，脸上有抬头纹、川字纹、法令纹、凹陷线的，皮肤干瘪、失去弹性的，年龄在 30 岁以上的宝贝们，一定要拍 1 号链接。一定要试试啊姐妹们，今天是“618 活动”返场的最后一天了，今天活动多多、赠品多多，没有试过的姐妹们一定要来尝试一下啊！

1 号链接的这款精华液为什么好用？为什么这么有效？因为它抗衰淡纹、提拉紧致，能给我们补充流失的胶原蛋白，所以效果更直接。我们的衰老过程就是胶原蛋白的流失过程，脸上的皱纹也好，干瘪凹陷也好，本质上来讲都是因为我们脸上胶原蛋白流失过多。现在呢，我们缺什么就补什么。想想年轻时候的脸，不化妆都光鲜亮丽、饱满紧致，就是因为那时体内胶原蛋白含量高，皮肤就有支撑力和回弹力。所以你即使是哈哈大笑时有表情纹也不用担心，不笑了，皮肤也就回弹回去了。但是随着年龄增长，皮肤的胶原蛋白加速流失，这个时候你可能发现皮肤会越来越松、越来越垂、越来越垮，皱纹也越来越多。

强化卖点：

所以很多明星啊、贵妇啊，会定期去美容院打胶原蛋白针，效果可能立竿见影，但价格昂贵，并且有一定的风险，而且也可能产生依赖性和副作用。不想做这类项目的话，你们就去用 1 号链接里这款涂抹式的胶原蛋白。很多人就会说，哎呀，胶原蛋白涂抹有效果吗？当然有效果，因为我们这款里面的胶原蛋白，不是从动物身上提取的，而是重组Ⅲ型人源化胶原蛋白，和我们人体中自带的差不多，所以这个成分是能够到达皮肤真皮层的，所以吸收效果当然就会很好。第一次来的、没有用过的也不需要纠结，今天有 5 支体验装，其中除了给大家这款胶原蛋白，还有时光肽、酵母胶原肽、玻色因和乙酰基六肽-8，如果你经常用一些大品牌护肤品，那么你对这些成分肯定不陌生，全部都是“贵妇级别”的，这些成分综合到一起，可以淡化皱纹，让肌肤更加饱满、紧致、光滑，时刻水润透亮。这个精华今天你带回去，你完全可以去和你买的其他大品牌精华对比一下。因为主播自己也在用嘛，我也是用过那些大品牌精华的，我们这款的产品的肤感和效果不会输于那些大品牌，我们本身也是做技术研发和原料供应的，而且也给国内外大品牌做代加工的，所以那些大品牌加了哪些成分我们比大家更清楚。咱们这个价格帮你们全网对比过了，性价比真的没得说。1 号链接这款，只需要一顿火锅的钱，够你保养两个多月，那可不算贵呀。可以的，小魏同学，我这边帮你备注免费试用啊。来，1 号链接只有最后一单了，我再给大家讲一下福利，今天有免费体验装，还没有用过的姐妹，一定要来尝试一下！

延伸场景：

特别是对于生过孩子的妈妈们，一定更要注意补充胶原蛋白。L 宝贝，刚刚你说的那个产品不是咱们家的，所以你问它添加了哪些成分我也不清楚，但是我可以给你讲一下我们家产品的特点。这款精华可以补充流失的胶原蛋白，我们脸上的皱纹、干瘪、凹陷，本质上都是因为胶原蛋白流失。胶原蛋白是使我们的脸部肌肤饱满、有弹性的支撑物，它是提升皮肤支撑力和回弹力的。人一旦过了 25 岁，胶原蛋白就开始加速流失，这个时候你就会发现，随着年龄增长皮肤会越来越松垮，所以就要及时补充胶原蛋白。咱们 1 号链接里给大家的这款产品中的胶原蛋白，不是从动物身上提取的，而是叫重组Ⅲ型人源化胶原蛋白，它的生产是有技术门槛的。我们家本身也是做技术起家的，这种胶原蛋白可以到达皮肤真皮层，能够被我们皮肤真正吸收。

限时限量：

来 1 号链接，只需要一顿火锅钱，足够两个月的肌肤保养，这可不算贵啊！再给大家上 3 单库存，能够付款的姐妹去拍，倒计时 5 秒钟。来，1 号链接只上 3 单库存啊！咱们不是天天过“618”，特别是我们家老粉，记得 2 单起囤货啊。“618”啊，“双十一”啊，还有春节这三个算是优惠力度比较大的节日了，下次再想有这样的福利活动，我说实在的，要么到“双十一”，要么到春节了。我给大家强调一下福利啊，咱们今天是“618”返场最后一天了，福利活动也是最后一天，从明天开始就不送那么多福利了！

额外惊喜：

这款现在有额外惊喜，一盒里面有 30 支，现在下单再送 30 支，这就相当于买一送一了，对吧？点个关注，再多送 5 支免费体验装，到手一共 65 支！另外亮了灯牌的宝贝们，再送一个正装的熬夜精华。经常加班熬夜、肤色暗沉蜡黄的，这个熬夜精华是可以搭配胶原精华一起用的，效果加倍！

老粉复购的记得 2 单起囤，拍下 2 单 1 号链接的，满 618 元会再多送你一套水乳，拍下 3 单的满 1000 元还会送玻色因眼膜套盒！一定要记得 2 单起囤。抬头纹、法令纹、川字纹的，皮肤干瘪凹陷、松弛显老的，全部是拍 1 号链接，年龄越大、纹褶越重的，使用后效果越明显。哪里皱纹多，哪里干瘪凹陷的，你重点涂哪里就可以了。

服务保障：

口说无凭，我给大家看一下我们家这个产品的功效检测报告，那不是开玩笑的，功效检测报告谁能造假？这里我用笔给你们标注出来了，用完之后抬头纹、法令纹、眼下纹有所缓解，而皮肤的紧致度、水润度和弹性都有所提升，所以咱们家这个产品用在脸上不是那种无功无过、用了之后没感觉的产品。来，1 号链接上最后 1 单库存啊！

没有用过你也不用顾虑，今天我们送大家 5 支的体验装，你先拿到手尝试一下，这 5 支你早晚都用，连用五天。如果你觉得好用，那你就留下其他的，如果你觉得用了不满意，没关系，那就一个字：退！运费险全部给你准备好了，风险是我们来承担的。我们不是那种小作坊，我们有 40 多年的研发经验，工厂都是在山东济南，如果有山东老乡对我们肯定不陌生。相信我，用完这 5 支，你们也会被征服，而且最多两个月，你们都会来复购的。

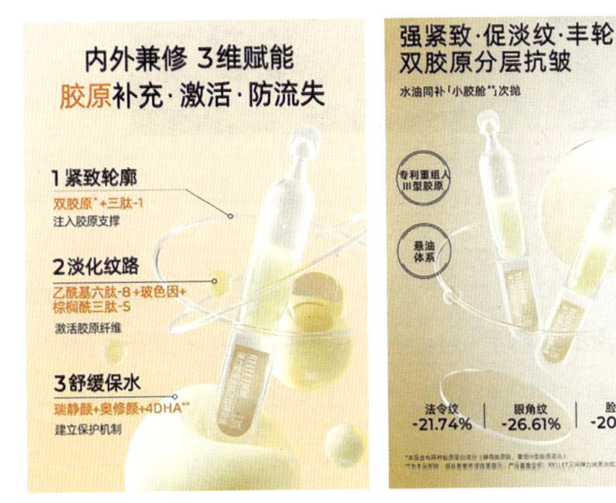

某品牌精华液直播话术配套素材图

A.1.2 以卖清洁膏为例

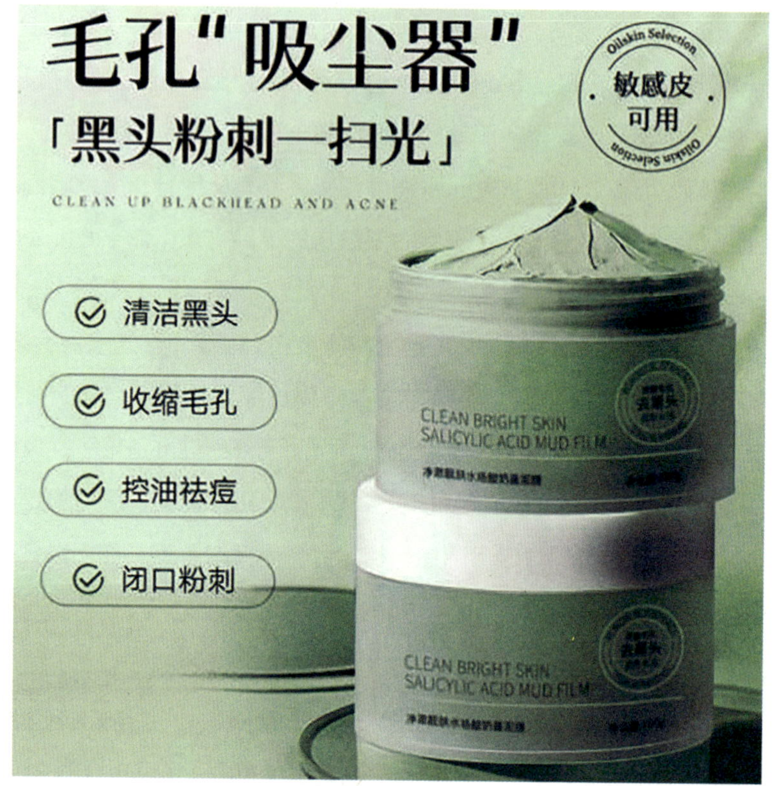

某品牌清洁膏产品展示图

引出需求：

来，宝宝们，你们有没有人和我遇到了一样的问题：照镜子时，突然发现自己的皮肤已经大不如以前了；不管多贵的护肤品，擦上去都很难吸收，几乎没什么效果；虽然过了青春期，但是脸上依旧容易长闭口和痘痘，不仅黑头多，而且毛孔还大……有这些问题的在公屏上给主播打个“有”！

其实这些问题的根源就在于我们脸部清洁不到位，导致毛孔被堵住、不能呼吸。这样，灰尘和代谢废物出不来，怎么能不出问题呀？！宝宝们，你们一定要记住一句话：清洁不到位，护肤全白费！

所以宝宝们，我和你们说，痘痘、闭口不是长在别人脸上，而是长在自己脸上，你要给自己一个机会。我今天推的这一款产品所有人都要闭眼入！ 好多宝宝好奇，为什么一款清洁膏，我要所有人都要入手？来宝宝们，你们平时下厨做饭有油烟吧？出门空气里有没有汽车尾气和灰尘呀？平时化妆有残留，抽烟的一脸尼古丁和脏东西……你真的以为这些用洗面奶就能洗干净？

为什么美容院那么贵的面部清洁是卖得最好的项目？为什么所有的护肤大神都告诉我们 1 周要做 2~3 次面部深层清洁？这是因为我们面部毛孔里藏着的脏东西需要被清洁。

强化卖点：

这个时候可能就有宝宝想问："你是不是为了卖货，所以故意说这些？你是不是骗人呢？我平时也做清洁啊，我天天都洗脸，我的洗面奶可好了，哪可能有你说得这么夸张。"我废话不说，我直接给你们看效果。

你们看这个瓶子上都是瓜果蔬菜的图案，一打开盖子，我的天啊，这个味道简直让人爱得不行，我都不知道该怎么和你们形容，反正就是很清新、很干净的味道，像黄瓜、丝瓜、苦瓜、蓝莓、石榴、草莓混合的味道，还有马齿苋，感觉都可以直接吃了呢！这款产品主打的一个是温和，一个是天然，不管你是不是敏感肌，不管你的肤质是干性还是油性的，不管男女老幼，这一款，你们统统都能用。

你们别小瞧这些植物果蔬，其中马齿苋对敏感肌非常有帮助，还有黄瓜和苦瓜，好多人都贴黄瓜片当面膜是不是？黄瓜、苦瓜敷脸有什么好处，有没有宝贝知道的？知道的打在公屏上。至于红石榴、猕猴桃、丝瓜和蓝莓这些，不仅可以净化我们的肌肤，还可以帮我们调节肌肤的水油平衡。这款产品能让你用一次就感觉有一次的效果。而且这些植物果蔬如果想被提取出有效成分来做护肤品，几百斤原材料只能提取出来一点点，工序很是烦琐复杂。

延伸场景：

来，下面给宝贝们看一下这款上脸的效果。我们这个盒子里面会送一个小勺子和刮板。我们用勺子挖出来一点，涂上脸之后打圈按摩一下。我和你们说，我在美容院第一次用它的时候，我就觉得：我的天呀！这个东西也太厉害了吧！每一个人用出来的感觉都不一样，它会根据你的肤质和你脸上的脏东西的不同而产生不同变化：有人用出来是黄黑色的，有人用出来是黄棕色的，平时清洁比较到位的宝宝就是淡黄色的。按摩差不多两三分钟，我们直接就用产品附带的这个刮板去刮掉它就行了。我给咱们宝宝看看，这都是什么颜色的了。我的天啊！宝宝们！你们看见了吗？脏东西全都出来了！你们现在还认为自己的脸真的有那么干净吗？！

宝宝们，每天面对手机电脑、每天化妆的，这款今天一定要闭眼入！周末在家休息，你就用这清洁一下皮肤，让皮肤正常呼吸，才能更好地吸收护肤品。

限时限量：

直播间的所有宝宝，你们今天真的是捡到宝了，这款 17 年专供线下美容院的清洁膏，店里做一次都要一两百元。里面的黄瓜、马齿苋、丝瓜、石榴等天然果蔬提取物所有人都适用！而且咱们这个是有防伪码可以查的，我就敢这么和你们说，你们回去查出来不是正品，你们给我寄回来！某宝上最便宜的都要 60 元，而且什么赠品也不送！今天我直播间里的所有宝宝！！下单 59.9 元！ 59.9 元买一发二！全国包邮！

废话不多说了，准备上架了，宝宝们来准备开始抢了。今天的福利真的很大，也真的只有 60 个福利名额，多余的一个都没有。好的，我要开始做福利了，就只有 60 个名额！倒计时 5 秒，五、四、三、二、一，上架！ 59.9 元买一发二，再送一瓶 99.8% 好评的纯露，快去抢！我们很多老粉都是直接回购了啊，因为我们现在的活动不是天天都有的，大家抓紧时间拍，抓紧时间抢，就在我们家 1 号链接，现在福利只剩下 20 个名额了！

额外惊喜：

线下店就用这个一模一样的产品做一次面部清洁都要一两百元！我们家一瓶有 50g，少说也能用个二三十次了，我今天还给你们买一发二！两瓶够你用个半年没问题！某宝上最便宜都要 60 多元！什么额外福利也不送！我今天 59.9 元买一发二，再加送一瓶纯露！现在还有五个名额。这款纯露你做完清洁后拿它湿敷，补水效果真的很好，敷完后脸特别嫩，当然说像婴儿的脸蛋、剥了壳的蛋一样嫩有点夸张，但你用了以后真的会比之前的皮肤好很多。因为它是一款玫瑰纯露，玫瑰纯露大家都知道吧？这个玫瑰纯露是我用了觉得很好用才拿来给宝宝们的，我就是想给大家一些礼物回馈，大家觉得好用就多多支持我们。

服务保障：

我们线下也是专供美容院的，是一家有着十几年历史的一个老品牌了，法国的美容院也是有跟我们在合作的。平时我们这一盒要 159.9 元，三盒要 480 元，不打折、不降价、不抹零。而且我们这款清洁膏也是上抖音洁面膏榜 TOP1 的啊，好评率 99.8%，还有很多的老粉回购。大家可以看到日常价一盒 69 元，今天在我直播间三盒到手只要 59.9 元，今天拍下我们送运费险，全国包邮到家！

这款品质宝宝们放心，成分特别天然安全，有黄瓜、丝瓜、苦瓜、蓝莓、石榴、草莓，还有马齿苋。这款产品主打温和、天然，不管你是不是敏感肌，不管你的肤质是干性的还是油性的，不管男女老幼，这一款，你们统统都能用。还有三个名额，抢到就是你的，抢不到就是别人的了！

某品牌清洁膏直播话术配套素材图

A.2　户外运动鞋服数字人直播话术示范

A.2.1　以卖户外运动鞋为例

某品牌户外运动鞋产品展示图

引出需求：

直播间的宝宝们，有没有喜欢户外运动的？有没有爱健身、爱跑步，又容易出汗的？“有”的宝宝们给主播扣个“有”！大家爱户外、爱健身、爱运动，又爱出汗是不是？有时发愁不知道选什么户外鞋，经常穿一天鞋就有异味或者很闷脚，出去玩要带好几双鞋，是不是？那你今天来对了，今天咱家这款鞋，一双顶三双：凉鞋、涉水鞋、徒步鞋，统统包含。在我的直播间，这双鞋卖得特别棒，能明白吗？特别棒！想不想要这种一双顶三双的鞋，想不想要这样集颜值与功能于一身的户外鞋？想要的宝宝们，给主播扣一个“想要”。

强化卖点：

我们首先看看这个面料啊，是不吸水的 PU 面料，四面八方都有排水孔和透气孔，然后鞋底也设计了 8 个排水透气孔，让你平日里当个凉鞋穿没问题。排水透气孔上是三层特别细密的钢丝网纱防护网，中底部分的排水口也有一样的防护网，鞋带是一个抽拉绳设计。鞋底面是有专利的防滑抓地大底。

延伸场景：

这样一款有设计感又舒服的户外鞋，即使咱们雨天蹚水啊，户外过小溪流啊，都是不用担心的，没有任何问题，直接往水里踩都是可以的啊，踩完水抬脚，里面还是干干爽爽的。鞋带的设计也非常方便，像有的朋友弯腰系鞋带不舒服，那么用这个松紧锁扣就可单手操作，秒系秒紧，很是方便。鞋底的专利防滑设计，上山助力，下山防滑，踩水增大摩擦，保障户外出行安全。EVA 材质的缓冲中底是可以减震回弹的，让脚感更舒适。人在走路时，脚底最先感受到的触觉来自中底，中底柔软弹性好，脚底的体验效果就会好。而且咱家这双鞋呢，它的重量也是真的轻啊，很多鞋底如果是橡胶材质，就会比较硬，比较结实，也很沉。但是咱家这双鞋，既结实抗造又轻巧舒适，重量也就跟一部手机差不多。

限时限量：

这一款如果你穿得不舒服、不轻便，你回来拉黑或取关我直播间都行，我不可能做一次性买卖，我每天都在直播，随时都能找到我。咱们家是专业做户外品的，专业探险、专业徒步的人对产品的功能和体验都是有要求的，要能应对各种环境。这个牌子于 1999 年在美国创立，到现在已经 24 年了，在中国也开了很多线下门店，你们可以查到线下官方店这双鞋都要 1499 元，对不对？那你们今天看一下我直播间才要多少钱，我都不要你四位数，799 元也不要，比五折还便宜，直接 599 元！这个价格是不是大福利？直播间现在这么多人，但是我们库存确实不多，直播间里的宝宝们，喜欢的一定要准备好手速，只有 50 单！准备好，三、二、一！运营上链接！

喜欢穿徒步鞋、涉溪鞋，还有凉鞋的直接入这款就可以了。面料设计，不吸水、不闷脚。排气孔设计，我们就连夏天穿着它都感觉冰冰凉凉、干干爽爽。鞋带设计，懒人必备，单手可操作，秒系秒紧，非常方便。专利防滑设计加上 EVA 缓冲中底，我的天啊，简直舒服极了！不仅脚感舒服，而且加大防滑，保障我们出行安全。趁着能抢，赶紧去抢，你能去哪儿花 599 元买到这么合适、这么好看、这么舒服、这么性价比高的户外运动鞋？只有在我的直播间。

额外惊喜：

能拍的赶紧去拍，直播间的宝宝们，抢到了的一定要在直播间为主播打一句“抢到了”，证明我们的福利是真实存在的。我看到 ××× 抢到了，××× 抢到了……我的天啊，这么多抢到了的宝宝们，好，主播就是这么真性情，所有扣“抢到了”的宝宝们，主播自掏腰包，再给你们安排 100 元的优惠，直接到手 499 元！喜不喜欢？给不给力？惊不惊喜？直播间的宝宝们，主播就是这么宠粉，关注主播，每天都会带来不一样的惊喜。主播要的是什么？要的就是你们拍了的，穿上一段时间，然后来我直播间反馈一下，主播要的就是一个口碑认证。相信我们家的产品，你们一定会喜欢，并且你们肯定会安利给你们的朋友，我对我们家的产品就是这么有信心！

服务保障：

以上惊喜还不够，今天在我们家拍了的宝宝们放心！咱家品牌全球统一，按照一线商场规格包装，到货品质感满满，自穿送人都是没问题的！现在拍下全部安排顺丰空运、全国包邮，几天就能收到货，不满意顺丰上门直接包退，平台是 7 天无理由退换货，我们是 30 天无理由退换货，并且还附送 365 天免费保修服务。

我们把该做的都做到位：质量一级棒，服务有保障，价格打下来了，就连包装都是高端大气上档次的，而且我们每一款鞋都有货，你拍回去，直接扫码，支持验证真伪，支持你货比三家！趁着现在还能拍，趁着福利还在，你就赶快拍，拍一件少一件，拍完直接下架，你就直接闭眼入就可以了，就在我们右下角小黄车 1 号链接。你买回去可以跟其他户外鞋对比，对比品质的同时对比价格，同样的品质你对比价格，同样的价格你去对比品质，完全没问题的宝宝们。我们就连快递都给大家安排的是顺丰，就是让大家尽可能地早点穿上这么好、这么舒服、这么给力的户外运动鞋。而且如果你不满意，顺丰上门直接包退，我们是 30 天无理由退换货，并且还附赠 365 天免费保修服务。

某品牌户外运动鞋穿着效果图

A.2.2 以卖户外防晒衣为例

某品牌户外防晒衣产品展示图

引出需求：

直播间的宝宝们，夏天到了对不对？烈日炎炎的季节到了对不对？这么大的太阳，有没有担心晒黑的小哥哥、小姐姐？有没有害怕长时间在太阳下，容易长斑的宝宝？有没有特别怕热又容易出汗的宝宝？有的话，给主播扣个“有”。

直播间的宝宝们，告诉大家一个小知识，并不是只有夏天才要做好防晒，防晒一年四季都要做，不管是小朋友、大朋友还是老朋友。如果防晒做不好，皮肤斑斑点点少不了。那么有没有发愁不知道选什么防晒衣的宝宝？你们买防晒衣踩过坑吗？穿上一天，别说在太阳底下了，就是在室内也是闷热的，捂一身汗，又臭又闷，还起不到防晒作用。有时候画上美美的妆，穿上防晒衣，出门 5 分钟，就热得妆容全部花掉。有这些问题的宝宝，在直播间扣个“有”，看看今天给大家带来的这款超级冰冰凉的防晒衣。

在我直播间，这件防晒衣卖得特别棒！宝宝们，想不想要这样一款冰冰凉凉的防晒衣呀？想不想要这样集颜值与功能于一身的防晒衣呀？想要的宝宝们，给主播扣一个“想要”。

强化卖点：

首先看看这个面料，我们的防晒衣采用原纱锦纶面料，这种面料触感是冰冰凉凉的，而且水洗不掉色、不掉防晒值，是真正的科技凉感面料。日常通勤和户外出行都可以穿的，说实话平常经常骑车、跑步、健身的，以及爱好户外运动的，防晒衣就要买好的，对不对？要买真正可以防晒的，对不对？我们家是有专利证书的，高倍防晒，可以达到 500 防晒指数。

延伸场景：

今年夏天很热、很晒，对不对？你下楼买个饭就很有可能晒伤，对不对？学生党、上班族每天通勤，不可能不接触太阳光对不对？宝妈们接孩子，在外面也超级晒，对不对？大家谁也不希望一个夏天过去都成小煤球了，对不对？更何况晒出斑斑点点、晒伤皮肤呢。大家都知道平常在市面上的防晒衣，大多都是防晒指数是 50，我们的防晒衣，防晒指数能够达到 500，一件顶十件了，一点不夸张。除了防晒指数很给力，这件防晒穿起来还冰凉舒服。尤其是夏天爱出汗的小哥哥、小姐姐，我们的防晒衣，毫不夸张地说，你穿在身上就相当于一个移动的小空调，超级亲肤软糯，吸汗舒服，穿上不会有出汗带来的闷热黏腻感。并且这件防晒衣的样式非常好看，上身以后绝对遮肉显瘦。

限时限量：

这一款如果你穿着感觉不柔软、不舒服、不轻便、不防晒，你拉黑我、取关我都行！我有信心这样说，因为我不可能做一次性买卖，我每天都在直播，你随时都能找到我。咱们家是专业做户外和防晒的，市面上你买的防晒衣是不是连领口标都没有并且防晒指数才 50？我们家做了升级，每一款防晒衣防晒效果浅色能达到 200+，深色能达到 500+，我们家领口四标：防晒、透气、凉感、亲肤。而且我们在面料上也做了升级，你可以对比我们的面料和别家的面料，是不一样的，我们家的面料是 88% 锦纶加 12% 的氨纶，这种才叫真原纱、真锦纶，我们有授权报告和检测报告，每一项检测都是合格、合格、再合格的，这里还有授权吊牌。所以宝宝们，“真的假不了，假的真不了”，对不对？我们对产品的功能和体验都是有要求的。你在官方店看这款防晒衣要 799 元，那再看一下我们家今天才要多少钱，我都不要你 799 元了，599 元都不要，比五折还便宜，直接两位数，99 元！这个价格是不是大福利？直播间现在这么多人，但是我们库存确实不多，直播间的宝宝们，喜欢的一定要准备好手速，只有 50 单！准备好，三、二、一！上链接！

宝宝们，想要一款真真正正起到防晒作用的防晒衣，就直接闭眼入手这一款。面料是 88% 锦纶加 12% 氨纶的真原纱。市面上假原纱太多了，×× 直播间的防晒衣，你问是不是原纱？他也说原纱，其实除了嘴上说原纱，不含一点原纱。而我们家每一件防晒衣，都是真真正正的真原纱、真锦纶的，我们有授权吊牌，所以说宝宝们，“真的假不了，假的真不了”，对不对？我们家真原纱，面料更冰凉透气，随便穿、随便洗，防晒值不变。就实话实说，宝宝们，就像你们买羽绒服和棉服一样，你去专柜买羽绒服、买棉服，你是不是也得看吊牌？羽绒服贵，你们也会买，因为质量就是好。防晒衣也是，防晒衣好不好，不要光听主播嘴上说，你要看产品的吊牌、面料、水洗标。我们的水洗标假不了，宝宝们，直接放心入就好了。如果你纠结颜色，喜欢浅色的首选粉色，喜欢深色的首选灰色。

额外惊喜：

咱们直接上车，上车之前，我先问下直播间的宝宝们，你们之中有没有宝妈？

有没有学生党？有没有上班族？有的话在公屏上打个“2”。直播间宝妈、学生党、上班族多的话，主播再给你们带来额外惊喜的大福利。拍了的宝宝们，主播再送给你们什么呀？这样吧，拍了的，主播再送每人一个我们的防晒帽，让大家从里到外、从头到脚，真真正正地做好防晒！现在能拍的赶紧去拍，直播间的宝宝们抢到了的，一定要在直播间打“抢到了”，证明我们的福利是真实存在的。现在拍下 99 元，你拿到手的是什么？ 99 元你到手一件防晒指数 500 的防晒衣和防晒指数 500 的防晒帽，平常光这一件防晒衣就要卖到 799 元了！喜不喜欢？给不给力？惊不惊喜？直播间的宝子们，主播就是这么宠粉！关注主播，每天都会带来不一样的惊喜。主播要的就是，你们拍了的，穿上一段时间，然后来我直播间反馈一下，主播要的就是一个口碑认证。相信你们一定会喜欢我们家的产品，并且你们肯定会安利给你们的朋友。我对我们家的产品就是这么有信心！

服务保障：

以上惊喜还不够，今天在我们家拍了的宝子们放心！我们的品牌全球统一的，按照一线商场规格包装，到货品质感满满，自穿送人都是没问题的！现在拍下全部安排顺丰空运、全国包邮，几天就能收到货，不满意顺丰上门直接包退，平台是 7 天无理由退换货，我们是 30 天无理由退换货。

我们把该做的都做到位：质量一级棒，服务有保障，价格打下来，就连包装都是高端大气上档次的！趁着现在还能拍，趁着福利还在，你就赶快拍，拍一件少一件，拍完直接下架，你就直接闭眼去入就可以了！而且我们每一件衣服上都带有防伪码，带有授权吊牌，支持你货比三家。就点我们右下角小黄车 1 号链接，你拍回去，对比品质的同时对比价格，同样品质的你对比价格，同样价格的你对比品质，我们家完全没问题的宝宝们，并且就连快递我们都给大家安排了顺丰，就是让大家尽早穿上这么好、这么舒服、这么给力的防晒衣！喜欢哪个颜色拍哪个颜色，我们有高级灰、百搭白、炫酷黑，喜欢彩色的我们还有各种时下流行的“多巴胺色”，都超好看。100 斤以下的拍 S 码，100~120 斤的拍 M 码，120~140 斤的拍 L 码，140 斤以上的拍 XL 码，男女同款，超级百搭。如果不满意顺丰上门直接包退，我们提供 30 天无理由退换货！

某运动服饰品牌防晒衣穿着效果图

A.3 3C 数码产品数字人直播话术示范

A.3.1 以卖蓝牙耳机为例

某品牌蓝牙耳机实物特写图

引出需求：

有没有新来到我直播间的？前面已经买到的姐妹就不要再抢了，让我们新来的姐妹试试我们的新品好不好？还没有抢到主播手上这款 2023 年小方盒蓝牙耳机的，来打个“新”字报名啦，好吗？今天新号开播，给所有新粉姐妹再送一波新人福利！来，是新粉吗？新粉姐妹赶紧先报名，我要给你们送福利了。点个关注，打个“新”字，后台马上统计所有新粉人数。来，我们的新来的 ×× 姐妹，后台先给这位姐妹送福利啊，其他姐妹们，不是说我只给他们几个人送福利，而是我没有看到你们报名哦。想要主播给你们送福利的，先报名，让我知道你是新来的，我才能给你安排福利。现在是（几时几分），后台统计一下点了关注、报了名的姐妹们好吗？ ×× 分钟后再来报名？那对不起了，我暂时先不算上你的名额喽。后台马上继续统计人数，先给姐妹们送波新人福利啊。

强化卖点：

直播间……多位姐妹听好了，今天来到我直播间了，给你们的是我之前线下卖的货，都是我平时卖到 3 位数价位的，等会儿我直接给你们炸，这款小方盒设计的 2023 年新款蓝牙耳机，是升级的 5.3 蓝牙芯片，市面上大部分都是 5.0 或者 5.1 的，我们直接升级到 5.3，连接更稳定，10 米内传输低延迟不断连，无论是打游戏还是听音乐几乎都无延迟。外观设计是个性十足的童年经典卡通人物，拿出门与众不同、不撞款，而且不挑手机型号，只要有蓝牙功能的任何手机它都能连！

今天咱就是送福利，但是姐妹们要怎么领取呢？听好了，左上角这个地方的小黄点，点亮关注加入粉丝团。这个我就算你报名成功。后台统计所有加入粉丝团人数，直接给我安排送福利。我们的 ×× 姐妹加入团了，安排给她送福利。来，不知道怎么亮灯牌的，我花 5 秒钟教一下大家，教完我们就准备开始“炸”福利了。左上角这个免费的关注点起来，点亮小黄心加入粉丝团，赠送一个灯牌，这样就算你报名成功。后台统计所有亮了灯牌的人数。对，每个人的 ID 都给我记下来。姐妹们一个都不要落下好不好？来，这样，所有报名好了的姐妹们，直接来选一下颜色，把你们喜欢想要的颜色发到公屏上，后台做好链接，我们要开始“炸”福利了。

延伸场景：

咱们是官方正版的，而且是请了多位专业调音师一起进行调音的，调出高中低音层次分别，高音激昂澎湃，中音婉转动听，低音铿锵有力又动感十足，无论你是喜欢流行音乐还是古典音乐，咱们这款耳机都可以让你感受到音乐当中的情绪。360 度立体环绕音效，让你不管听什么音乐，都可以感受到演唱会现场的感觉，并且还升级了灵敏麦克风，隔绝周围嘈杂的人声，让你拥有更高清的语音，通话再也不会被周围环境音影响。而且它是不挑手机型号的，只要你的手机有蓝牙功能，它都就能连。佩戴上采用硅胶半入耳的设计，看到没有？这是符合人体工学的设计，大耳朵、小耳朵都可以久戴不痛。爱玩游戏的姐妹也可以不用担心了，入手这款蓝牙 5.3，连接稳定，让你游戏快人一步，音画同步低延迟，直接可以达到听声辨位、枪响人到。姐妹们，颜色过一遍我们就上车了！喜欢主播手上 ×× 的就拍白色，颜色百搭，男女同款。此外还有我们的 ××，喜欢的就拍蓝色，经典卡通人物，勾起童年回忆。喜欢今年 ×× 大热色香芋紫的，就拍紫色，少女心满满的对不对？多个颜色，姐妹们，过年送家里小朋友都是可以的。然后还要跟大家说一下，今天来到我直播间，这么多姐妹认准咱们家这款高货蓝牙耳机，那今天确实要送一个福利，所以新来我直播间的、喜欢这款耳机的、想要的姐妹们，赶紧把颜色选好，我们马上就上车了好不好？再给大家说一下，它是不挑手机型号的，只要你的手机有蓝牙功能，它就都能用！佩戴上是半入耳的设计，符合人体工学，大耳朵、小耳朵都可以戴，久戴不痛！操作非常简单，全触摸一键切歌，上下键调节音量，单击暂停，双击切歌，长按 2 秒还能召唤语音助手，接听电话更是没有任何问题，来电时按一下接听，再按一下挂断。超长待机时间，电池容量都是 400 毫安的。蓝牙低功耗，可以连续使用 4~5 小时，充电仓满电状态下足够给耳机充 3~4 次电。充电仓没电状态 1 小时充满。如果你们出门路上喜欢听歌、看剧、玩游戏，用它很棒的。

千万不要错过！来，准备上车了。又来了这几位姐妹是不是？好的，一起跟上主播的节奏，马上给大家送福利了好不好？来，上车前问一下直播间的姐妹们，想不想让主播送你们咱们顶配版本的福利？

限时限量：

想要福利的就在公屏上打“要”，不要的我就不安排了。后台统计人数。对，今天如果想要的人多了，我直接给大家免费升级顶配版本，福利直接上车！好的不废话了，我说了，这款蓝牙耳机，在商场卖大几百的，今天给你们一个“半卖半送”的价格。

额外惊喜：

而且说实话，本来是配这种普通包装盒的，今天我给大家全都升级成咱们专柜的原版原标原礼盒。每个都是带有防伪激光标、支持专柜验货的。

买耳机就要买大品牌的对不对？买正版的，而且咱们配套的 Type-C 快充线，现在单独购买也要 19.9 元，今天我也给大家送了。用这款线充电 10 分钟，足够听歌 2 小时。然后再给大家加送一对耳机的替换耳帽，用脏了直接换！但是姐妹们说真的，我们不是人傻钱多、见人就送的，我们只送给一种人，就是咱自家人对不对？所以说新来的姐妹点点左上角，先关注点起来，点亮关注，加入粉丝团，赠送一个灯牌，这样我就算你报名成功。好的，后台统计所有灯牌人数，直接给升级顶配版本的福利！对，我们小黄车里面很多款式都是福利价格，大家可以去看一下，而且显示有现货的都能发货，且都有运费险，你们可以去看一下！

来，那我来看一下我们又有多少姐妹们点亮了灯牌想要升级顶配版本。后台把所有亮灯牌的 ID 全部记录下来，一个姐妹都不准给我落下，好不好？姐妹们我说了，这款蓝牙耳机，不管在线下也好，某猫也好，至少都是要卖到三位数的。但是今天为了做波品宣，我直接给你们两位数的价格开一波升级版本的福利，但是就只这一波了。后台链接准备好了吗？来，所有姐妹准备好的、没有问题的、确定要的打一个“上车”，我就不等了，给你们精准上库存。好的，现在先不要去下单付款，马上给大家改价格。后台 5 秒钟内统计好打了“上车”的粉丝人数。上车前额外再给你们送一份保障，我就不等了，我真的要上福利了。

服务保障：

所有姐妹请放心，今天通通安排了运费险，我们还有 7 天试用期。今天只要喜欢它的，你一定要相信我，拿回家先试用几天，把品质和信任交给我，使用后觉得这个品质值这个价格的你再留下，觉得不值或者不喜欢的直接退！这就是我对你们所有人的诚意！今天在我直播间抢到耳机的，支持专柜验货，假一罚三，还有两年质保、一年内只换不修，并且今天我们还送原装的 Type-C 快充线，还有原版原标的礼盒，给不给力？刚刚我说了，只要两位数。

姐妹们，听好了，现在 249 元不要拍，我说了今天是个给你们“炸”福利的。我也不要 99 元了，今天我的福利有多狠，价格有多“炸”？听好了，姐妹们，今天我连 88 元、66 元、55 元都不要了好吗？你们如果拿回家用得好、真的觉得满意了、真的觉得我们这款耳机品质高，回来给我的直播间一个好评，感谢姐妹们！今天给愿意支持我的姐妹们，福利再“炸”得狠一点！后台统计所有打了“能”的啊，今天一个人上一单，两个人上两单好吗？我就不废话了，一定要相信我，50 元都用不了！买回家不是正品你退回来，不是线下卖到三位数、不是顶配版本 HiFi 立体音质的都可以退，有运费险和 7 天无理由退换货保证。而且今天我们的快充线、我们的礼盒包装全部送给你了，带回家体验一下好吧！后台能不能先给我准备一个链接，姐妹们我就开 30 秒，抢到了开心，抢不到的也不要生气，你们自己拼手速。后台 1 号链接，5 秒钟倒计时，五、四、三、二、一！

后台 1 号链接直接给我改价成 39.9 元，给我上 ×× 单。对，只开 30 秒，所有人你们赶紧冲啊，右下角有弹窗 1 号链接，秒拍秒付，福利就到手了。今天在我直播间 39.9 元的价格，官方认证产品，而且全部都是安排礼盒包装给大家，一样都不会少的，还有运费险和 7 天无理由退换服务。而且今天给大家“炸”的什么福利？千元 HiFi 音质蓝牙 5.3 的芯片，而且还是大品牌的，买了用着也放心。说实话，姐妹你去买个杂牌的，买个普通的，都还要不少钱对不对？而我们这款蓝牙 5.3 的耳机，这个价格你去哪里找？说实话，一样价格的在外面你买不到对不对？还有最后多少单了？最后 3 单，最后 3 单了！我的天呐，这么快吗？姐妹们最后 3 单了，但是后台再给大家最后 5 秒钟可以吗？最后 5 秒钟抢完，你们马上给我下链接。能提交订单的姐妹就抓紧付款，不要卡库存了。

姐妹们，说实话，今天诚意满满地给大家拿来这样的超棒价格，带回去这款高货蓝牙耳机，哪里都找不到这个价格的……没货了吗？这么快吗？我的天呐，你们速度太快了吧！都抢到了吗？都拍到了吧？看来大家真的是去过专柜，知道专柜卖多少钱呀！那我就放心了啊。姐妹们，真的，你们懂货、识货，比什么都强，抢到就赚到，都抢到就好。后台给咱们这些拍到、抢到的姐妹都安排一下 24 小时内发货，好不好？记得把咱们的原装快充线，还有我们的礼盒包装全部给我安排上好吗？恭喜所有抢到的姐妹坐等收货！

后台现在还有没有卡库存的？还有 3 个没付款的先踢掉，刷新去 2 号链接好不好？ 2 号链接上最后 3 单，刷新一下。

某 3C 数码产品直播间场景搭建效果图

A.3.2 以卖洗地机为例

某品牌洗地机产品展示图

引出需求：

所有的姐妹，我问一下有没有不知道洗拖一体机的，或者是说没用过的？洗拖一体机，能洗能拖，免手洗。我觉得洗拖一体机是一个跨时代的产品，真的是帮我们省太多事了。老式吸尘器吸头发经常会缠绕，但这种洗地机不会。你家里面撒了面条、汤水、鸡蛋之类的，它连汤带水带面条都能给你吸上去。是的，而且大家听好了，它不需要你自己动手清理，而是可以一键自动清洗的，等它自动清洗完了后你只要把水箱的水倒掉就可以了。不知道、没用过的，我好好给你们讲一下：吸扫拖一体机，免去了你手动操作。我刚才说了，吸头发、吸汤水，连吸带拖，它可以一边吸地上脏东西，一边拖地，不需要你自己动手洗，就是这么方便。给你们先看一下，这个品牌叫 ××，是专门做吸尘器的，产品有洗拖一体机、除螨仪之类。之前那款黑色的卖完了，这个白色的是新来的，也是一个新的升级款。

强化卖点：

买过的都知道，这类产品没有低于 4000 元的。以前买的是不是单滚刷的？是的打个“是”，但我们今天这种是前后双滚刷的设计，而且带自驱力，前轮可以向前转，后轮可以向后转，这样的话它吸得更干净，并且它今年升级做了一个贴边 5 毫米的设计，家里面的踢脚线它也可以给你清洗得干干净净。我给你们打开看一下这款是可以自动感污的（主播操作演示），大家看到了吗？这里可以自动感污，连吸带拖就很方便，而且它是前后双轮双滚刷的。我刚才讲了，撒了汤水、鸡蛋，它都可以帮你清洗，要不然我们自己打扫多费劲啊？

延伸场景：

来看一下，上下两个水箱，上面这个是清水箱，下面这个是污水箱，清洁后滚刷脏了，清水箱的水就会顺着管道流下来，之后机子就会在充电底座上自己“呜呜呜”地高速清洗，清洗完了后脏水通过管道流到这个污水箱里，你需要做的就只是把污水箱拿下来倒掉污水。完成清洗后机子会自动关机，继续充电，而且它有自动感污的功能，还带人机交互，会提醒你该清理了或者该除菌了。就是这么方便，要不要？要的敲个“要”字。家里谁做家务谁知道，干家务太烦了，对吧？这款谁用谁省心。大家这么多没用过的？这款给你们一波福利，大家去感受一下。买过洗地机的知道，市面上这类产品没有低于 4000 元的。今天给你们“炸”点狠福利，这一款我 3000 元、2000 元都不要，直接给你们降到 1999 元。

限时限量：

我看到有新来的姐妹们问这款的同类品对比，这款是新上市的升级款，大家应该都懂，电子产品更新换代比较快，所以越新的机型，它的功能就越全。你之前花万八千元买了台洗地机，它都不一定有咱们这个新款的功能全，都不一定比这款好用。电子产品这种东西就是这样的啊，更新换代快，是不是这个道理？

额外惊喜：

这款前后双向清洗呢，就能洗到盲区的位置。有的产品都是直着往前运行的，滚刷只往前转，就只能洗到一个方向，盲区就洗不到。咱们这款是可以清洁到盲区的啊，而且新机型各种各样的小细节都关注到了，老机型没有这东西啊，这叫作 5 毫米无边框设计，这种无边框设计是干什么用的？就是来清洁类似踢脚线这样的边线的。其他再贵的洗地机，清洁的时候也擦不到踢脚线，之后还要自己手动拿抹布再擦一遍。这款还自带电解水除菌技术，配有 LED 触控智能显示屏和语音播报，可以人机交互，语音随时告诉你机子的状态。这就是这款吸拖洗一体机啊，吸地、拖地、洗地三合一的，而不是普通的洗地机。是的，三合一的一体机啊，市面上这种一体机贵的要一万多元，便宜的也要七八千元。在木地板和瓷砖上都能用，而且 360 度防缠绕，还带有智能感污系统。比方说这个地方比较脏，那个地方比较干净，它就会在清洗这个脏的地方时用更大一些的吸力，在那个干净的地方吸力就会更小一些，这样更节能高效。明白了吧？

服务保障：

这个是今年新出的新机型，双刷双向，带 360 度前后双向洗，有两个滚刷，前滚刷往前转，后滚刷往后转，所以能做到 360 度正反双向洗，洗一遍相当于洗了两遍的效果，快速享受两次清洁。而且这款非常省电，×× 那款充满电续航 35 分钟左右，这种新机型充满电续航 50 分钟左右。我们家 7 天无理由退换货，各位姐妹放心，各种服务细节我们都做到位。今天来我这里买，给我点了关注的有多少人我就上多少单好不好？我们再给大家加一波库存。

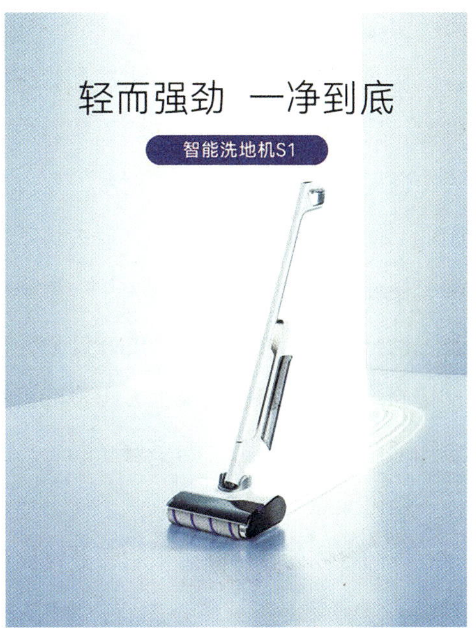

某品牌洗地机直播话术配套素材图

A.4　滋补健康食品数字人直播话术示范

A.4.1　以卖枸杞原浆为例

某品牌枸杞原浆产品展示图

引出需求：

欢迎来到我们枸杞原浆直播间的各位哥哥姐姐们。了解枸杞原浆的一定知道我们家，我们家枸杞原浆已经有百年历史了，延续到现在，仍然深受大家喜爱，不是没有道理的。多喝枸杞原浆对我们身体是很棒的，枸杞原浆的好处可多了，哥哥姐姐们，像平常睡眠不好、翻来覆去睡不着的，肠胃不好的，走两步道汗流浃背的，脾气暴躁的，脸色蜡黄的，你们一定要多喝枸杞原浆，听我的没错。还有中老年人，多喝枸杞原浆，也有非常大的好处。枸杞原浆对我们真的百利而无一害。小助理把枸杞原浆的好处打在公屏上，再多内容我在这儿就不多说了，你们可以去查一查，就知道枸杞原浆对身体有多好了。

强化卖点：

我们家枸杞原浆都是采用宁夏鲜枸杞榨汁萃取的，无添加、非合成、不勾兑，富含人体需要的多种营养物质，光维生素就有 13 种，氨基酸有 18 种，帮助我们给身体打好健康营养的底子，还能提升外在形象。现在枸杞都上市了，一定要买到好的才能够解决问题。我们家通过了农残检测，让您喝得放心，保证零添加、无水无糖、原汁原味。现在正是三伏天，养生真的少不了，家里的老人孩子、备孕备婚的，还有上班族们整天整晚吹空调、鼻子嗓子有点不舒服的，都需要试试我们的枸杞原浆。每天身体消耗这么大，喝枸杞原浆就是为了吸收其营养物质，大家一定要认准我们家的枸杞原浆。

延伸场景：

哥哥姐姐们，如果你们有平常睡眠不好、翻来覆去睡不着的，肠胃不好、吃饭没胃口的，手脚冰凉的，脾气暴躁的，脸色蜡黄的，身体沉重乏力的，那你们一定要多喝枸杞原浆，对身体真的很好。大家都可以自己去查一查，就知道枸杞原浆对我们身体有多好了。平常哥哥姐姐们可以早晚各喝一条，这样才能喝出“一加一大于二”的效果。另外如果有觉得自己气色不好的，咱们也可以搭配一些花茶，像什么金银花、菊花和玫瑰花茶等，都可以跟枸杞原浆搭在一起喝，不同搭配，喝出不一样的效果。

限时限量：

我们这枸杞原浆一盒内装有 10 条，平常打完折也是要卖到 188 元的，因为越好的枸杞原浆，价格自然也会越高，毕竟制作工艺是很复杂的。两盒枸杞原浆，平常要卖到 376 元，今天在我们官方直播间，不仅不要 376 元，连 300 元都不要了，直接 268 元到手两盒，一共 20 条，给不给力？觉得给力的哥哥姐姐们在公屏上给主播打个“给力”。因为这次活动力度太大了，妹妹也不能亏太多，所以这个价格只能给大家 5 单，拍完 5 单后大家只能以 188 元一盒的价格去买了。枸杞原浆真的是好东西，今天直播间我们没有那么多库存，但做这波活动，目的是得到大家的肯定与口碑认证，所以说才给大家这样的福利。今天来咱们直播间的哥哥姐姐们都是会养生的，都知道枸杞原浆的好，也都知道枸杞原浆可以搭配各种营养品，对不对？

额外惊喜：

还不够，今天所有拍下的哥哥姐姐们，妹妹再送一罐价值 188 元的同款枸杞原浆，相当于直接再送一盒。我的天呐，简直太划算了，对不对？在我们小黄车 1 号链接，哥哥姐姐们，想要的赶紧拍，趁着直播间人不多，我还能给大家这么大的福利。我们家的枸杞原浆用的都是宁夏鲜枸杞，支持多方对比，你可以对比个 10 家、20 家，对比品质也对比价格。妹妹今天在直播间做一个口碑认证：咱们家是通过了多项农产品检测的，看这里的检测报告，每一项检测都是合格、合格再合格，有签字盖章。咱们直播间虽然人气没有那么火爆，但是我想要把好品质带给各位，相信大家买东西看的不是人气，而是品质，如果说一个直播间里有几百个人，看着火热，那你跟着盲目下单，到手之后没准就会“踩雷”，所以说一定要看清楚品质，再去入手。这个是质量检测认证（主播展示），由广东的质量检验中心出具，我们枸杞原浆有一百多年的历史，深受大家的喜爱，不是没有道理的。

服务保障：

主播妹妹我今天在直播间为了得到大家认证和推广，给大家送福利！点击小黄车 1 号链接，268 元拍一发二，整整两盒给大家，目的就是把这么好的产品送到大家手上。宁夏鲜枸杞原浆真的越来越少，拍一盒少一盒。咱们家正品保障，你回去放心喝！跟市面上其他枸杞原浆你可以随便对比，同样的品质你对比价格，同样的价格你对比品质。咱们家枸杞原浆，妹妹相信你喝过之后会给我一个口碑认证，会来直播间认可我们。趁着咱们家今天有活动，哥哥姐姐们一定要带回去试一试，尝一尝。平常的话脾胃不好的、胃动力弱的，坚持喝上一段时间，就会真的觉得枸杞原浆很不错。大家有任何疑问都可以打在公屏上，我看到后会一一回复。我还会告诉大家枸杞原浆到底怎么搭配，能够喝出更好的效果。所以一定要在公屏上跟主播参与互动，了解一下我们家的枸杞原浆。

就在下方小黄车 1 号链接，拍了的哥哥姐姐，一定要来直播间，打个“拍”字，妹妹安排顺丰 48 小时内给大家发货，保质、保真、保新鲜日期，厂家直发，支持试喝。

某品牌枸杞原浆直播话术配套素材图

A.4.2　以卖胶原蛋白饮为例

某品牌胶原蛋白饮产品展示图

引出需求：

今天来到我们胶原蛋白饮直播间的，有没有 20 岁以上的姐妹？主播跟你们讲，随着年龄的增长，我们从 20 岁开始流失胶原蛋白，25岁胶原蛋白流失加速，30 岁以后胶原蛋白量断崖式下降，随之而来的就是皮肤的真皮层失去支撑，脸部干瘪、凹陷、下垂、有皱纹、暗淡无光、气色差。那么今天主播给宝贝们带来的，就是针对我们直播间大部分人群这些问题的一款产品。年龄在 30 岁到 60 岁之间的，都是有皮肤问题的吧：皱纹越来越深了，鱼尾纹越来越明显了，脸上皮肤越来越松、越来越往下垂了……大部分都是这类问题。宝贝们，补充胶原蛋白是我们女孩子们的保养必修课，这特别重要，20 岁以后胶原蛋白就开始流失了，得补了。那么我们这款升级版的胶原蛋白饮呢，里面是 5000 毫克的小分子胶原蛋白肽，2000~3000 毫克是起效剂量，这里面一瓶直接加了 5000 毫克，加倍剂量帮你补。胶原蛋白是用来干嘛的？帮你预防抬头纹、鱼尾纹、八字纹的。如果你说“主播，糟糕了，我的脸上已经出现了明显的皱纹”，没关系，胶原蛋白能帮助你把已经流失的胶原蛋白再补回来，帮你把已经出现问题的皮肤恢复到以前的状态。

强化卖点：

我们升级版的胶原蛋白饮里面每瓶加了 60 毫克的玻尿酸，还有 500 毫克的壳寡糖，能够在我们身体里面继续生成玻尿酸，两个成分加在一起，相当于市面上同类产品同剂量情况下玻尿酸补充量的六倍。那你们跟我说的皮肤缺水、上妆时候出现卡粉、起皮的问题，是不是能够得到有效解决啦？来啊宝贝们，这款升级版的胶原蛋白饮里面加了 100 毫克的 EGCD，能够帮你减少真皮层里面胶原蛋白的流失。在 20 岁之后我们是没有办法阻止胶原蛋白的流失的，但是能够通过 EGCD 尽量干预它流失的量以及流失的速度，它是帮我们“锁住”胶原蛋白的。我们给大家做的升级版的胶原蛋白饮既补胶原蛋白，又补玻尿酸，所以这款胶原蛋白成分全、剂量足，补充更全面。

延伸场景：

如果宝贝，你的年龄在 30 岁到 60 岁之间，就一定要认识到随着年龄的增长，我们从 20 岁开始流失胶原蛋白，25 岁胶原蛋白流失加速，30 岁以后胶原蛋白断崖式下降，随之而来的就是皮肤的真皮层失去支撑，脸部干瘪、凹陷、下垂、有皱纹、暗淡无光、气色差。宝贝们，补充胶原蛋白是我们女孩子们的保养必修课，这特别重要，20 岁以后胶原蛋白就开始流失了，得补了。你想要一步到位解决问题，就得把流失的东西给它补充回来。这款胶原蛋白饮能维持我们皮肤弹润饱满，它既补胶原蛋白也补弹性蛋白，还补玻尿酸，一步到位补齐了。我妈妈今年 54 岁，我作为我们胶原蛋白饮的主播，对咱家产品再了解不过了，我让我自己亲妈都喝这款产品，大家有什么不放心的。

限时限量：

我们直播间 90% 以上的人群都是年龄在 30 岁到 60 岁之间的，所以我们家在“618 活动”时，重点把优惠力度放到了 2 号链接，这个就是为我们 30 岁以上的人准备的套餐。活动之前 399 元一盒胶原蛋白饮，单买一盒胶原蛋白饮真的很贵啊，不划算。今天不要买一盒，要买就买 2 号链接里的 6 盒，活动前 6 盒 2394 元，今天你们在公屏上扣个“1”，同款 6 盒价格 1999 元，每天喝 1 支，能喝 2 个月。

我们家今天“618 活动”返场最后一天，你们再不买的话，2 号链接明天是真的就没有了，返场价格就只有今天有。

额外惊喜：

今天前 10 个拍了的宝贝我再送你们一套嫩肤精华液，一共 12 瓶，今天拍下今天给你们安排发现货。来，2 号链接 3 秒钟上链接，三、二、一！ 2 号链接给大家上好了，宝贝们赶紧刷新一下。6 盒升级版的胶原蛋白饮，前 10 个拍下的我再加送一套精华液，2 号链接很划算，今天很多宝贝都是来囤货的，今天也同样是我们福利的返场最后一天了，不管你是想来回购的老粉还是新粉，今天主播都强烈推荐 2 号链接的套餐。

某品牌胶原蛋白饮直播话术配套素材图

服务保障：

我们家的胶原蛋白饮，拿到了多项认证和奖项，都是经过 28 天真人实测的，拥有科学的配方和专利，这个大家完全可以放心。年龄在 30 岁以上的宝贝们，咱们脸上显老的速度越来越明显了，抬头纹和鱼尾纹都出现了。想要一步到位解决问题，我们就得把流失的补充回来。胶原蛋白能维持我们皮肤弹润饱满，在 2 号链接的升级款胶原蛋白饮，它既补胶原蛋白也补弹性蛋白，还补玻尿酸，剂量足、有效成分含量高，所以不需要多喝，一天一支就够了。我妈妈今年 54 岁，我对咱家产品再了解不过了，我让我自己家里人都喝的产品，你有什么不放心的呢？ 2 号链接，还有最后 2 单，自己捡漏去拍。

A.5 大宗商品数字人直播话术示范

A.5.1 以卖房产为例

某地产楼盘示意图

引出需求：

嗨，欢迎大家来到我们 ×× 地产的直播间，我是公司的置业顾问，我们的楼盘现在已经正式开售了，这个楼盘位于 ××× 区，有着得天独厚的地理位置和优美的周边环境。今天我就带大家来看一下小区环境、装修和布局，如果有喜欢的楼盘、想要来我们这里实地考察的，可以点击一下我们右下角的小风车来留资。我们在公司现场，也给大家准备了精美的到店礼。

大家都知道啊，这几年楼市一直在经历变化和巨大压力：学区房降温、房企爆雷、土地流拍……一些不明所以的买房人，还以为楼市要“凉”，等着房价下跌，观望情绪愈发浓厚。哎，其实殊不知，聪明的买房人，早已行动起来，抢占买房先机！都说仁者见仁，智者见智。仔细想想，现在已经是 2023 年 6 月了，目前楼市前景看似不是很乐观，但其实楼市整体还是在正轨上。具体来看，近期楼市风向已然变化，市场也开始释放出一系列“信号”，回暖信号接踵而至，楼市预计迎来转折点。当前，也可以说是买房置业的黄金窗口期！在这里这里考大家个问题哈，为什么是现在买房是算是一个好的时机呢？有人知道吗？知道的在公屏区打出来哈！

见过一些烂尾楼频出的问题，更能明白哪些房企才是值得信任的。并且近期各大开发商陆续增加了各种优惠。此时入手，也就有了更多时间去好好筛选房源，“捡漏”的机会也就越大。说得我都心动了啊，现在正是购房置业的黄金窗口期，想要买房的朋友，一定不要错过！

强化卖点：

接下来我先带大家看一下我们小区的环境，项目小区景观环境规划“一环、三园、四轴”。“一环”是一条 3000 米的生态景观绿色环绕带，配有健身跑道，以绿色生活为主题。“三园”是花费数千万元打造的三大主题公园。“四轴”是四条四季景观大道，以春夏秋冬四季景观为主题打造。而且我们这个小区有 45.3% 的高绿化率，空气很好。楼间距达到 60 米。不会出现遮挡甚至“握手楼”的情况。建筑外面整体色调的搭配也很有现代质感。当然了，小区内的娱乐设施肯定也是不能少的，咱们小区配有全年龄段的娱乐设施：童梦区这个地方可以让孩子肆意撒欢，打造了孩子们专属的童梦乐园；活力区适合大人运动，比如跑步、遛弯、打羽毛球、跳广场舞等；趣享区适合邻里之间闲暇时聊聊天，加深一下感情。不同的年龄段的业主有不同的区域，不会互相打扰，这点是非常贴心的。小区内还有高端的生鲜超市、药店、便利店以及生活便利设施和机构，可以满足小区业主的日常生活所需。

我们小区周边的教育服务和学校设施也是非常完善的，目前周围有 2 所幼儿园、1 所小学、1 所中学，都配备了优质的教育资源，方便业主接送孩子上下学。同时周边还配置了约 11000 平方米的家庭医疗保障体系——1600 平方米的老年人养护中心和 9400 平方米的社区医院，医养结合，在康养中心设置日托和全托两种形式，提供 24 小时的基础医疗健康服务。此外，还设置了日间照料中心、老年康复室、训练室、多功能影视厅、手工艺和文化活动室、心理咨询室、图书阅览室、书画室、美发室、自动洗浴区等，配置无障碍设施，目前大家可参观位于国际城的康养中心。

而且我们这个楼盘还打造了一个约 780 平方米的高端会所，有运动室、钢琴室、烘焙室等十多种休闲娱乐场所，业主下楼就能到，方便快捷地充实生活，放松休闲。生活场景随时切换，享受便捷的生活体验。

延伸场景：

我们这个小区环境优美，物业管理也是非常严格的。试想一下，一家几口，住在这样安全又舒适的小区里，一家人其乐融融，孩子上学也方便，家里老人住着也安心，大家都幸福快乐，对不对?

限时限量：

现在我们地产正好有优惠活动，1 元抵 1 万元的代金券，只有 50 个名额，限时限量，抢完为止。而且好的户型也是优选优得，众所周知，我们的房子非常抢手，好的房子是不等人的。

额外惊喜：

如果有老板想要了解咱们这个楼盘，想要来实地看一看、考察一下的，可以点击我们右下角的小风车来留资，留资后我们的工作人员会联系您。在现场我们也给大家准备了一些到店礼，并且现在购买，我们会额外赠送停车位，这个也是非常划算、非常合适的。

服务保障：

我们地产的售后服务大家也大可放心。售后服务，是树立企业形象、企业品牌的重要组成部分。做好售后服务，不仅关系到本公司产品的质量、完整性，更关系到客户能否真正、完全满意，我们肯定不会砸自己的招牌，对吧？并且我们的建筑资质等级是一级，大家来到现场后可以查看我们的资质证书，我们的实力是相当不错的，大家可以放心。

接下来我再带大家来看一下我们的这个户型。该户型整体以现代都市、时尚简约的风格打造。大家现在看到的这个是我们项目的王牌户型，建筑面积约 166 平方米，四室双厅三卫双套房户型。整体装修风格是奢华法式风格，进门首先是一个约 5.7 平方米的超大玄关，这是该户型的第一大亮点。右侧还配置了 2.4 平方米的生活阳台，平时可以作为杂物储藏空间。这一户型第一大亮点是采用横厅设计，开间约 7.6 米，进深约 5 米，完全能容纳您所喜欢的各种款型沙发和餐桌，无论是平时聚会、还是日常生活，都拥有足够的空间。该户型的第二大亮点是拥有面积约 30 平方米的超大阳台，开间约 12.7 米，进深约 2.4 米，可以变幻多种空间生活场景，如设立一个小吧台来打造健身区、休闲区。该户型的第三个亮点就是双套房设计，次卧配备独立卫生间，可以作为老人房使用，方便老人起居使用，次卧旁边这里是一个开放式的书房，后期可根据业主喜好进行个性化定制。接着看到的是我们建筑面积约 114 平方米户型的户型，是一个高实用性舒适三室，入户同样设置有独立玄关，保障居家私密性，整体是餐客一体化的开阔布局，客厅是采用的竖厅设计，开间约 4 米宽，进深约 8.8 米，空间感非常好，有小孩的业主，还可以在客厅规划儿童游戏区，也完全不会拥挤。书房与阳台连通使用，可以根据个人喜好进行个性化定制改造。在 114 平方米面积的设计里面能把卧室做到这么大，说明咱们这个空间利用率是非常高的。最后给您介绍的是我们 125 平方米四室两厅两卫的户型，是适合三口或者四口之家的一个户型，这是一个极简摩登的装修风格，整体户型采用的是横厅的设计，这个户型空间浪费几乎为零，过道都完全能利用起来，户型开间约 7 米，进深约 4.6 米，拥有约 7.2 米宽的大阳台，让房间拥有超宽视野和通透采光，我们这个户型的阳台采用的是约 1.8 米进深设计。四室的设计能方便您安排家人的居住，最小的书房我们也设计约 2.8 米的开间，约 2.8 米的进深，如果家里人多的话也可以设置成一个小卧室。厨房我们采用的是 H 型设计，中间过道有 1 米宽，逢年过节几个人同时在厨房里也完全能转开身，为冰箱预留的位置完全能满足市面上大部分三开门冰箱的尺寸。两个次卧都是 3 米 ×3.3 米，完全可以放得下 1.5 米的床，再加上衣柜和床头柜。主卧室采用的是通透型设计，卫生间、衣帽间和卧室成为一条直线，便于空气对流。对 ×× 这种避暑之都来说，这样的设计使住户在夏天就几乎完全省去使用空调的麻烦。我们地产用的都是高配置的电器。厨房这里是 ×× 厨房电器、×× 洗碗机，瓷砖是 1500 毫米 ×700 毫米的，都是知名的品牌，装修风格也符合现代简约质感的装修，如果大家买完我们的房子后，也可以让我们来装修，我们有十多年的精装房产经验，高配置的交付标准，也有专属的采购团队和施工团队，从成立至今，每个项目都能如期交付，这个大家可以放心。如果大家对我们任何房型感兴趣、想要来实地看房、了解房子的，一定要在右下角小风车留下信息，我们的工作人员会及时联系您的。我们也给大家准备了到店礼。趁着我们现在刚开盘，有活动，大家可以实地来看一下，都是非常优质、非常抢手的户型。

某地产楼盘直播话术配套素材

A.5.2　以卖二手车为例

某二手车直播间现场布置图

引出需求：

嗨，欢迎来到我的直播间，我们这里是二手车行的直播间，今天给大家介绍几辆新上的二手车，喜欢的朋友可以给主播点个关注，我们一起来看看这些车，总有一款适合你。

不仅仅是在大都市，像现在的小县城，随着经济的发展，人们的生活节奏也开始变快。有了车，相当于给自己加了双翅膀。接送亲朋，运送东西，全家出游等，都不必再费心费时在出行购票和排队等车上面，能有更多时间来享受生活。在功能和设备完好的情况下，二手车无疑比新车更划算，算上折旧率，买二手车能省不少钱。花更少的钱就可以选择更好的车。换句话说，同样的价位，一辆二手车的配置当然要比一辆新车的好得多。

强化卖点：

那今天首先要给大家介绍一辆奥迪 A4L，不知咱们直播间的家人们有没有听过奥迪的广告词："恭喜你成为尊贵的奥迪车主，奥迪会载着你在不久的将来奔向成功，让四环光辉照亮你的事业与前程。”今天给大家带来的是奥迪的一款特价车，2009 年的一台奥迪 A4L。奥迪 A4L 的外观设计简约而不失优雅，车身线条流畅，前脸采用的是奥迪家族传统的六边形进气格栅，搭配锐利的 LED 大灯和动感的雾灯，展现了豪华与动感的完美结合。

接下来我给大家谈谈这辆车的参数、配置以及这辆车的具体情况。现在二手车市场的保值价是几万，买到你就赚到了。并且这是一辆经典款，价也不太高，就是 6 万多。接下来大家看这辆车的发动机，搭载的是 2.0T 发动机，功率 180 千瓦。我们再走进来上车看一下车的内饰设计，还有内饰磨损的程度，各方面大家都可以放心、全面地看清楚。这辆车是无钥匙启动的，银色的外表、米色的内饰，双电动座椅。现在到车里来了啊，先看大家都关心的一个问题，就是这个车现在行驶了多少公里，在这里大家可以看到现在这辆车行驶了 122000 公里。再看一下车的内饰，大家可以看到这辆车的内饰特别新，几乎是零磨损，这能证明之前的车主对这辆车特别爱惜，定期的保养做得特别好。然后车里是六气囊的，自动的恒温空调，双电动座椅，还有座椅加热等等功能都有，还有电动天窗。大家可以看一下当时这辆车的裸车价，30 多万，这款车的二手车市场行情价是 7 万多，但是今天在我的朋友圈、粉丝圈里我给大家直接这样讲吧，6 万多，这辆车你就可以开回家，支持分期，支持按揭，有想法的小伙伴抓紧时间，二手车一车一价，这辆低调奢华有内涵，高端大气上档次，你想一下 6 万多拥有这样一款车，开出去不香吗？

延伸场景：

试想一下，你开着这辆车假期带着一家人一起出去旅游，去海边玩，多自在、多威风，是不是？而且咱们这款奥迪 A4L 也非常适合女生驾驶，女生开着它上下班足以展现女性魅力，女王气质“爆棚”。今天咱们直播间有没有靠自己白手起家的小老板？有的话给主播扣个“1”，过年回家走亲戚时候你开着这辆车在亲朋好友面前是不是也很有面子？平时办公旅行都可以开，非常便捷。

限时限量：

都说一车难求，今天咱们直播间就这一辆，很难收到，过时不候。这可是一款抢手货、畅销车型，我们直播间每次收进来这款车，不出三天必卖掉。你平时走在大街上也经常能看到这款车，精品车况，是很多人的梦中情车，说不定一会儿我们下播就卖出了。所以咱们直播间喜欢的朋友抓紧时间了，这个价格买到就是赚到。有意愿的一定要点击右下方小风车进行留资，稍后我们后台会有专人跟您联系的。

额外惊喜：

在我们直播间留资了的朋友们也可以到我们店里来实地看一下，可以来现场试车，到店的朋友我们都会免费送一份到店礼，成交还额外赠送您价值 1000 元的保养代金券，这个在你买车后保养时使用，能够省下不少钱，也是非常划算的。

服务保障：

我们家的车大家可以放心购买，凡是在我们车行买到的二手车，我们会提供优质的服务，并且会承担一定的售后责任，如果车辆出现问题，我们会及时处理，确保顾客的利益。而且我们家有可靠的汽车技术和维修能力，能够为顾客提供全面的汽车服务，包括车辆检测、保养、维修等，让您购入后更方便，给您省去很多麻烦。所以在我们家完全可以放心。喜欢这辆车的可以点击右下方小风车进行留资，稍后我们会有专人联系您。

接下来我们继续看另一辆车——索纳塔，二手的索纳塔怎么选？今天我来给咱们直播间的朋友们说重点。国产索纳塔源于 2002 年，当时北京现代成立，带来的第一款车型就是现代索纳塔，现在这也是第五代的索纳塔，这款车型取得了巨大的成功，一直生产到了 2009 年，目前还有许多在路上的，二手价格 1 万到 2 万元。后期北京现在又推出了一款基于第五代索纳塔的改款车型，叫作现代名驭，这款车销量也不错，目前二手价格是 2 万元左右。第六代的索纳塔其实就是现代的御翔，目前因为市场定位的原因，这款车的销量非常不好，只生产到 2006 年这款就停产了，目前二手市场很少见。第七代的索纳塔在国内叫索纳塔 NFC，后期正式命名为现代领翔，2009 年上市，撑到了 2011 年，因为索纳塔第八代的上市，它也停产了，销量也不好，索纳塔第六代和第七代的存在感实在是不强，二手车市场 2 万到 3 万元。2011 年索纳塔第八代上市了，可谓发生了翻天覆地的变化，可以说是 GD5，北京现代最火爆的一款车型，年销 10 万多辆，与起亚的 K5 等车型同平台生产，2.0 版最大功率 165 千瓦，最大扭矩为 198 牛 · 米，2.4 版最大功率 180 千瓦，最大扭矩为 231 牛 · 米。全系搭配的都是 6AT 变速箱，悬架为前麦弗逊后多连杆。2014 年推出了混动版本，2.0 版的自吸发动机加电动机的组合，联合输出功率为 150 千瓦，匹配的也是 6AT 的变速箱，在市场上并不多见。虽然新车很火爆，但是你买二手的索纳塔第八代，一定要慎重，因为这款车的毛病实在是太多了。首先现代车是拆三元催化器的重灾区，过了两三次货的索纳塔第八代有原装三元催化器的概率比中大奖还低，没有三元催化器的问题就是尾气臭、验车不合格，而且发动机有可能报故障。另外，和起亚 K5 一样，2.0 版的发动机设计缺陷就是特别容易拉缸，除非你改装喷油嘴。所以你买二手索纳塔第八代呢，一定要买 2.4 版，2013 年之后 2.0 版的发动机也改进了，不容易出现拉缸了，功率也降了。现在 2011 年到 2013 年的二手车价格为 5 万到 7 万元，2014 年到 2015 年的为 7 万到 9 万元，性价比还是相当不错的。喜欢这辆车的可以点击右下方小风车进行留资，稍后我们会有专人联系您。

某二手车直播间产品展示图

A.6　本地生活美食团购数字人直播话术示范

A.6.1　以卖自助餐套餐券为例

某直播间自助餐商家产品展示图

引出需求：

嗨，宝贝们，小游今天带大家逛庄里性价比高的榴梿、海鲜不限量的自助餐——××海鲜自助，这家真的是让顾客从老到小，全家满意。首先所有的海鲜、菜品以及榴梿都不限量，其次精致美味的粤菜，和自助形式完美融合，最后就是他家补餐非常及时，不会像其他自助餐厅那样出现空等的情况。

99% 以上的好评不是没有道理的，一顿饭就能够让你实现海鲜自由、榴梿自由、甜品自由、酒水饮料自由！真正做到了不限时、不限量、不拿签！

来宝贝们，××海鲜自助的福利要不要，要福利的把“要”字刷起来，来到这里就不用考虑什么能吃回本，因为样样都是精品，堪称海鲜自助天花板，非常适合朋友聚会和家庭聚餐。

现在我们带大家到各个品类区转一下，真材实料，让大家都看得见，所见即所得。

强化卖点：

海鲜自助最重要的就是海鲜，在他家的海鲜区，鲜活的、清蒸的、蒜蓉烤的，全部都有。首先就是蒸海鲜，一定要吃螃蟹，螃蟹都是母蟹，每一个都是满黄，吃到嘴里又鲜又甜。不掉腿、不流黄，一次吃到爽。

蒜蓉粉丝扇贝是最受欢迎的，蒜蓉的香加上扇贝的鲜，入口很惊艳。两种彩贝推荐大家蘸着芥末吃，每一口都很上头，吃着非常过瘾。

鲜活的海鲜就在这旁边，花蛤、大螃蟹、大虾、鲍鱼这些都可以在桌上的小火锅里煮着吃，全都不限量，想拿多少就拿多少，大虾得用盘子扣着，防止放到盘子里活蹦乱跳，每只虾都有手掌这么大，鲜活的虾煮完吃起来有甜甜的味道，而且肉质很紧实。鲍鱼也是鲜活的，这么大的鲍鱼在海鲜市场都是按个卖，但是在这里你可以随便吃。所有的菜品厨师也都会及时补，不会出现空盘的现象。

有宝贝问有没有榴梿，这个是必须有的！榴梿有冰镇的、有烤的，冰镇的吃着更凉爽，烤的吃着更甜，都是从新鲜榴梿上现扒下来的。这些榴梿也都是全部不限量，不拿签。放在很显眼的地方，大家随便拿。

庄里这么多家海鲜自助，光是"榴梿不限量""不拿签"，就很少有能都做到的。对的，榴梿随便吃，想吃多少就吃多少，所有东西都是不限时、不限量、不拿签。

我看到有宝贝问刺身有没有三文鱼，一桌给几盘。宝贝，×× 海鲜自助的刺身，让你一次吃到爽。去日料店单点一份三文鱼、金枪鱼刺身，一份怎么说也得 100 多元，在这里刺身拼盘里不仅有三文鱼、金枪鱼，还有鱼子和兰花蚌。推荐大家吃三文鱼和鱼子，三文鱼选用最好的鱼腩位置，嫩滑鲜润，一盘回本。鱼子吃到嘴里咯吱咯吱的，很上瘾，再搭配芥末，绝了。如果你吃完觉得没吃够，还想吃，可以在这里找师傅给你再切一大盘，薄切厚切都可以。吃多少都可以，全部不限量。

像一些小孩喜欢吃的小猪包、健康杂粮等主食都在这个区域。

有喜欢吃烤鸭的宝贝，可以在这个地方找厨师给你切好、包好，你再拿回桌去吃，这服务，真的比五星级酒店还贴心。

如果胃口还有余量的话，一定要尝尝榴梿酥、蛋挞、蜜薯，都是现烤出来的，离老远就能闻到香味。香肠、章鱼小丸子、意面、比萨等都在旁边，浅尝一下就行，吃多了太占肚子，咱们挑贵的吃。

羊排、牛排、照烧鱼、美式排骨这些烤肉一定要吃，尤其是羊排，孜然、洋葱再加上羊排，吃起来又嫩又香，一点都不膻。烤生蚝、烤鱼来这个区域拿，都是大厨现做，生蚝特别肥美，这些都是优质蛋白，吃了不长胖。

宝贝们，除了之前给大家看过的蒸螃蟹、鲍鱼、大虾、扇贝之外，我们这里还有煮好的冰镇海鲜，有大虾、青口贝，还有花螺花蛤，强烈推荐，一定要吃，蘸上捞汁甜甜辣辣的，口感特别好，非常筋道，一口一个。绝对是吃完第二天回味起来还会流口水的程度。海星是处理好的，打开背面直接吃就可以了。白螺吃起来口感弹弹的，还有各种彩贝，都是随便吃、随便拿的。

冰激凌是很多宝贝力推的，特别受欢迎，原料和品质不亚于某大牌，有好几种口味可选。

这边菜品区，有 10 余种菜品。干锅鸭头必吃，和咱们平时去饭店吃的味道一模一样。红烧稻香肉，肉很软烂，甜甜香香，软糯可口。鲍汁猪手口感也非常好。最重要的来了，宝贝们，这里佛跳墙也是不限量的，里边料很足，一次拿 10 份都没有问题。

火锅柜里的青菜是新鲜择洗的，新鲜的水培蔬菜，蘑菇都是从云南空运过来的，涮品里还有鱼子福袋，用我们桌上的小火锅一涮，再调个小料，在海鲜自助也能吃到正宗、齐全、味美的小火锅。

接下来就是宝宝们最爱的甜品区了，我们所有的甜品都是采用动物奶油，零反式脂肪酸，吃到嘴里一点都不甜腻，像这种甜品，你去蛋糕店买都要十几元一份了，在这里随便吃、吃到饱！花 218 元，正餐后还能吃一顿星级酒店品质的下午茶，你说回不回本、合不合适？各种精致的甜品，像小白兔和百香果慕思是一定要吃的，酸酸甜甜还开胃解腻。其他经典甜品比如提拉米苏、黑森林、红丝绒蛋糕，也全都有。

延伸场景：

我们这边的就餐环境也很好，地方很宽敞，桌与桌之间的距离有 2 米，如果是家庭聚会可以选择圆桌，朋友聚餐、小情侣来吃，找小方桌拼在一起，都很合适。

限时限量：

像螃蟹、彩贝、虾、鲍鱼这些平时随便买点，二三百元钱都下不来，还有榴梿、硬菜等上百种食物，加起来得一千多元了，在这里，200 多元随便吃，吃到爽。

现在我们在做回馈老顾客的活动，平时你花一千多元才能吃到的食物，今天只需要 218 元。我们特地将 218 元的全周通自助餐重新上架 10 天，点击右下角 1 号链接去购买。不分周六日不分时间段，什么时候来都可以，只要 218 元。

218 元就能实现海鲜自由、榴梿自由、刺身自由、甜品自由、水果自由！这些你去单独吃一顿，加起来就要一千多元，但是在不需要，点击右下角 1 号链接，到手价只需要 218 元。不限时、不限量、不拿签、不排队、不等位！

218 元的自助重新上架，只为回馈新老顾客，只上 10 天，大家可以多囤两张券。

拍下了后随时都可以过来吃，营业时间是中午 11:30 到下午 2:00，晚上 5:30 到 9:00。店面位置在 ××××，如果有开车来的宝宝，我们这有免费停车位。

额外惊喜：

今天我们还给大家申请下来了额外福利，1.2 米以下的孩子是免费的，1.2~1.5 米的小孩可以购买 139 元的儿童餐，65 岁以上老人买 139 元的老人特惠餐。不知道一家人来就餐怎么购买的，可以在公屏上留言，我们小助理会实时回复你的。

服务保障：

我们的服务就是能够做到让老人、大人、小孩都满意，保证能照顾到每个年龄段的顾客。如果买完之后，没有时间来或者有其他变动，是可以退的，支持过期退、随时退、自动退，无任何手续费，大家放心购买。（建议在门店拍摄食物素材或进行走播，拍下完整的门店环境、菜品，用来当直播背景。）

@邱***

之前去的自助都要拿签排队
这个真的不排队不拿签

某直播间自助餐直播话术配套素材图

A.6.2 以卖游乐园门票为例

引出需求：

欢迎新进直播间的宝贝们，你们来到的是丰年的直播间，今天给宝贝们推荐的是夏日专享 ×× 游乐园的活动，尤其是还没有去过 ×× 游乐园的宝贝，留在我的直播间，我给宝贝们一一讲解 ×× 游乐园的游玩攻略，让宝贝们花更少的钱、游玩不走弯路。点击右下方小房子，我们游乐园和酒店联合推出的优惠票价，近期想要去游乐园游玩的宝贝们可以把几个人和哪天去玩打在公屏上，我来给宝贝们推荐最合适的链接，有什么其他问题也都可以打在公屏上，我都会一一给宝贝们解答的！

来来来，喜欢哈利・波特的看过来，喜欢变形金刚的看过来，喜欢神偷奶爸、喜欢侏罗纪、喜欢加勒比海盗的看过来，喜欢这些的小伙伴们，×× 游乐园一定不会让你失望的，沉浸式的电影体验与互动，让你畅玩一整天！

某游乐园部分场景图

强化卖点：

先给直播间的宝贝们介绍一下，我们游乐园里有七大主题景区，分别是哈利·波特魔法世界、变形金刚基地、功夫熊猫、未来水世界、小黄人乐园、侏罗纪世界和好莱坞区。这几大主题景区里，我来给宝贝们推荐一下必玩项目。

第一个必玩项目是未来水世界特技表演，这是全乐园最炸裂的演出，非常惊艳！现场各种打斗、爆破、水上及空中特技表演，让你如同置身电影之中，想要更好体验互动的一定要坐前排，一定要穿雨衣，演职人员特别热情卖力，互动环节真的会淋湿，我已经去玩了很多次了，觉得这是游乐园里互动最好的，无论大朋友还是小朋友，在这里都能找寻到一份属于自己的快乐。

第二个必玩项目是霸天虎过山车，这是我心目中唯一的五星必玩项目，尤其是喜欢刺激的宝贝们一定要去坐一下霸天虎过山车，在上边尽情呐喊就好，放飞自我，感受一下“人在前边飞，魂儿在后边追”的刺激感，失重感超强。不过，这个项目建议放在游玩后段，我第一次去的时候没经验，一来就坐了霸天虎，下来后半天缓不过来，影响了后边项目的体验感，而且这个排队要一到两个小时！

晚上还有大巡游和霍格沃茨城堡灯光秀，也一定不要错过。大巡游让你可以和演员们近距离互动；霍格沃茨城堡灯光秀配上音效，让你一秒就进入魔法的世界。

延伸场景：

想要去 ×× 游乐园的宝贝，没有关注的来点点关注，我的主页里每天都会更新游玩攻略。周六日、节假日不知道带娃去哪里玩的，那么我强烈推荐你带小宝贝去一次 ×× 游乐园，让宝贝体验一下在哈利 · 波特的魔法世界里骑着扫把在天上飞的奇妙，感受一下与反派斗智斗勇的惊心动魄，体验一次成为小英雄来拯救世界。你还可以带小宝贝去看威震天，功夫熊猫和小黄人，我们游乐园一定不会让你失望。这几大主题景区里，我来给带着小宝贝的小伙伴们推荐一些必玩项目。

第一个：哈利 · 波特禁忌之旅，这个真的超酷！裸眼 3D 效果，和过山车的感觉有点像，坐在椅子上整体感觉像是跟着哈利 · 波特在飞行，穿越城堡以及峡谷的每一处，在你快要撞上城堡的下一秒来个急转弯。这个很值得二刷，尤其是喜欢哈利 · 波特的大宝贝们小宝贝们，一定要来体验，会有很真实的失重感。

第二个：侏罗纪世界大冒险，很适合带着宝贝尤其是带着男宝宝的小伙伴们去玩，这个也是裸眼 3D 项目，主要以观看为主，恐龙模型真的很逼真，真实感拉满，让宝贝们身临其境，坐在观赏车上去探险的感觉，感觉霸王龙、迅猛龙就在你身边一样。

第三个：变形金刚火种源争夺赛，也是裸眼 3D 项目。让宝贝们体验跟着擎天柱他们一起打坏蛋、争夺火种的过程，让宝贝们体验一下当超人英雄的感觉，很是刺激，参与感真的很强！

限时限量：

真心强烈推荐下方小房子里 1 号链接，里面包含一晚的五星级酒店住宿加 2 张快速通的成年人门票。平常住一晚希尔顿要多少钱，怎么也要小一千是不是，一张游乐园的门票也要七八百元了，两张加起来也要 1000 多元了。今天在我直播间价格给你们打下来了，不要 2000 多元，也不要一千大几，五星级酒店住宿一晚加两张门票，到手只要 1488 元。希尔顿酒店名额只有 5 个，想要玩得好、住得好、吃得好，直接去拍下方 1 号链接。只有 5 个名额，想要的快去抢。来，三、二、一，上链接！

不用犹豫不用徘徊，今天你可以先把票囤好，因为你要以后再来买的话，就没有这个价格了，价格是要上涨的，就没有这么优惠的价格了！尤其是打算小长假出行的，要提前 7 天预约，哪怕再补旺季差价都比你到时候再买要优惠的，今天能享受折扣价的，后面的每一天价格都会比今天价格要高，所以你早囤早优惠。

下方小房子 1 号链接还有一个名额，宝贝们抓紧时间去拍，手快有，手慢无！

现在是春天，是旅游的淡季对不对？再过一个月，到 4 月下旬就是旅游的旺季了。有“五一”小长假，紧接着就是学校放暑假，暑假过后就是国庆假期。你到时候再买票，票价几乎翻一倍，而且游乐园附近的酒店价格也会上涨。

额外惊喜：

游乐园的一些热门游玩项目，人多的时候大家都知道，一个项目光排队就要排一个多小时，才玩四五个热门项目，一天的时间就过去了。所以我们家的这个套票还给大家配了至尊 VIP 才享有的贴心管家服务，就是会有一个管家陪同，让你平均每个项目最多只排队 20 分钟，一般 10 分钟左右就可以排到一个热门项目。这是面向小团体的管家服务，一个小团队一般 10~15 人。当然你想要自己玩也是完全可以的。

咱们套餐里的酒店离游乐园很近，酒店有专车接送，不用你再东奔西跑、租车规划路线，浪费时间精力和金钱。酒店还配有自助早餐，五星级酒店让你睡好吃好，然后痛痛快快地去玩。

只要你一年内想要来游玩，现在买绝对是最值的。现在是淡季的门票价格，而且有整整一年的有效期。你现在买，可以明年去玩。买了门票记得提前预约入园时间！游乐园每天都有限流的，尤其是周六日节假日，一定要提前预约！

服务保障：

你不用有任何后顾之忧，这个是支持“随时退、过期退、自动退”的，秒退秒到账，不收取任何手续费。退完之后也没有任何的损失，唯一损失的就是这次优惠机会了。整整一年的有效期，什么时候想去都可以。而且宝贝们也可以看一下历史售卖记录，已经售卖 1 万多份了，好评率也是 99%。所以直播间的宝贝们直接拍，不用有任何的后顾之忧。

@邱***

旺季来临前多囤几单，
工作日不补差价

某直播间某游乐园门票直播话术配套素材图

附录 B

虚拟数字人形象采集注意事项

虚拟数字人往往是基于真实自然人的面部特征和身体结构特征构建的，因此对大多数的虚拟数字人使用者来说，第一步都要完成某个特定真实人物的面部特征及身体结构特征的采集，不同于以往需要造价高昂的佩戴式动作捕捉设备采集，当下我们已经可以只用一个随处可以买到的 2K 甚至 1080P 的家用摄像头，就能够完成虚拟数字人的形象采集工作。为了让采集的效果更好，我们基于过往数百次虚拟数字人形象采集的经验，给出以下几点注意事项，希望能够为大家的虚拟数字人形象采集工作提供帮助。

B.1 采集环境准备

使用摄像头或者单反相机采集虚拟数字人形象并不需要专业的摄影棚，只要在一个明亮的办公室内，背后摆放绿幕即可完成视频采样。如果房间光线亮度不足，可以考虑购置 2~3 个球形补光灯来进行环境光的补强。下图所示就是在某个办公室内布置完成的虚拟数字人形象采集的环境示意图。

以办公室为场景搭建的数字人形象采集环境图

B.2 人物背景相关注意事项

（1）如需要后期处理背景，需要布置纯绿色背景幕布，且要与人物衣服颜色有较高区分度，背景无其他杂物（如摄影灯等），拍摄完语料后相机不要停，撤走所有装饰和人物，单独录一下绿幕背景。

（2）绿幕拍摄要求幕布平整且完整，需单独补光。人像距离幕布半米以上，保证身后没有明显阴影。相机参数设置成“4K30fps”为最佳，最低分辨率要求高清 1080P。

（3）人物的背景要静态背景（背景中不要有行驶状态的车辆，或者像喷泉、飘动的树叶以及播放的视频等)。

① 人物的背景以及整个视频画面中无其他人脸(包括带人脸的图片,如杂志封面等),纯色背景要求不能有褶皱、阴影,衣服和首饰物品要避免绿色的,也不能反射绿光,保证画面中物品的颜色不与绿色相近,否则后期可能会被误处理。

② 拍摄时脸旁座位靠椅不能一直来回晃动,否则相当于动态背景,导致生成不出来。

B.3 人脸遮挡相关注意事项

(1)人脸附近最好不要有杂物(如书籍、玻璃)。

(2)人脸和脖子无遮挡(字幕、手势都不能过大,遮住脸和脖子,不佩戴有线耳机、不佩戴会晃动的耳饰等)、要露出完整的全脸、不要穿高领衣服。

(3)人物头发在不遮挡脸部的基础上,发型要平整无虚空,马尾等发型不能来回晃动否则后期会截断,需要后期抠图的话不要佩戴镂空透明发饰(如黑色蕾丝大蝴蝶结)。

B.4 侧脸与头部动作注意事项

(1)如果大部分时长人脸是正对镜头,人脸侧向转动角度不要超过 30 度,头部无大幅度转向和晃动。

(2)如果需要侧脸视角,整段素材应该均保持该视角,侧脸角度不应超过 60 度,且头部无大幅度转向或晃动。

(3)如需支持各种角度(侧向转动不超过 60 度),素材时长建议在 5 分钟以上,且各种人脸角度的素材时长尽量分布均匀。

B.5　视频采集录制注意事项

（1）镜头稳定无晃动。

（2）动作幅度不要过大，手势要百搭。

（3）如果需要标注动作区间，注意以下两点：

①没有动作（头部和手部都没有动作）的和有动作的状态交替录制，且平静状态时间最好大于 5 秒。

②数字人是通过采集视频进行训练学习的，其最终呈现状态取决于采集时的状态，视频后期又需要适配其他音频。所以头部动作不能太大，节奏不能太快，否则可能匹配其他音频的时候会对应不上。手部也尽量不要有具体的指向性动作，避免后期配不上其他音频的节奏。

（4）录制时长尽量达到 2 分钟，保证视频清晰，音画同步（视频声音和人物口型必须要能对得上），不要有背景音乐，口型饱满。

（5）录音要和视频相匹配，音频里不能出现杂音或者其他人声，否则数字人口型也会被杂音影响。我们尽量不对音频做任何处理，所以需要把控一下录音效果。

（6）音频需要 WAV 格式、视频需要 MP4 或者 MOV 格式，不要直接改扩展名单独提供的原声音频不能有背景音乐。

（7）视频要连续无拼接，视频帧率尽量在 25fps 以上，不宜过低。

（8）录制声音数据之前请先录制 30 秒的静默视频，然后再开始说话和录制。静默数据和声音数据必须同时录制，保持场景和形象完全相同。如果后期补录静默数据会导致生成的视频脸部变色。

（9）数字人需要美化或者提供其他音频的，需在训练之前进行操作。